Cripping Development?

Isa Garde

Cripping Development?

Ambivalenzen „Inklusiver Entwicklung" aus crip-theoretischer Perspektive

PL ACADEMIC RESEARCH

Bibliografische Information der Deutschen Nationalbibliothek
Die Deutsche Nationalbibliothek verzeichnet diese Publikation
in der Deutschen Nationalbibliografie; detaillierte bibliografische
Daten sind im Internet über http://dnb.d-nb.de abrufbar.

Coverabbildung:
©Bert* Wagner,
Untitled #9 aus der Serie *Plastic Bodies*

ISBN 978-3-631-66090-4 (Print)
E-ISBN 978-3-653-05504-7 (E-Book)
DOI 10.3726/ 978-3-653-05504-7

© Peter Lang GmbH
Internationaler Verlag der Wissenschaften
Frankfurt am Main 2015
Alle Rechte vorbehalten.
PL Academic Research ist ein Imprint der Peter Lang GmbH.

Peter Lang – Frankfurt am Main · Bern · Bruxelles · New York ·
Oxford · Warszawa · Wien

Diese Publikation wurde begutachtet.

www.peterlang.com

Inhalt

Danksagung

In dieses Buch sind viele Energien, Gedanken und Unterstützungen anderer Menschen eingeflossen, die mich während des Schreibprozesses und darüber hinaus begleitet haben.

Deshalb möchte ich mich bei allen bedanken, die mit mir ihr Wissen, ihre Perspektiven und ihre Erfahrungen geteilt haben, die mich inhaltlich betreut und mit mir diskutiert haben, die mir Hinweise und kritisches Feedback gegeben haben, meine Gedanken ent- und wieder verwirrt haben, sich mit mir geärgert und gefreut haben, mit mir getanzt, getrunken und geswayt haben, die mich motiviert und ermutigt haben, dieses Buchprojekt zu wagen und mich finanziell und emotional unterstützt haben, es fertig zu stellen. Ohne diverse (queercrip und cripqueer) Kollektive wäre dies nicht möglich gewesen. Mein Dank gilt deshalb unter anderem:

arge bodies_gender_sex, Ly* Antwerpen, Doris Arztmann, Antje Barten, Dani Baumgartner, Heike Bestel, Aljoscha Bökle, Lian Brugger, Vanessa Dreier, Eva Egermann, Marcel Eick, Jule Fischer, Lisi Freudenschuss, Hanna Garde, Mathias Garde, Sarah Gerschel, Bea Gomes, Anja Gurtner, Hanna Hacker, feminIEsta, Filip Herza, Marty Huber, Anna Janowiak, Linda Jannach, Christine Klapeer, Kateřina Kolářová, Katrin Lasthofer, Elisabeth Löffler, Elisabeth Magdlener, Isabel Mendoza, Sushila Mesquita, ÖH Uni Wien, Aly Patsavas, Marija Šabanović, Gina Sandau, Max Santi, Sigrid Schmitz, Babs Schuster, Stefanie Strubreiter, Anna Teska, Michael Turinsky, Bert* Wagner und Katharina Wiedlack.

Für die Gestaltung des Coverbildes kann ich mich nicht genug bei *bertkovski* bedanken, deren_dessen Arbeiten mich immer wieder auf ein Neues faszinieren und begeistern. (Ein beschreibender Text zum Coverbild folgt dieser Danksagung.)

Beim Peter Lang Verlag bedanke ich mich für die Auszeichnung mit dem Sonderpreis für Geisteswissenschaften und die damit verbundene Möglichkeit, dieses Buch zu publizieren, und bei Alexandra Marciniak für die gute Zusammenarbeit.

Das vorliegende Buch ist eine überarbeitete Version meiner Diplomarbeit, mit der ich im März 2014 das Studium der Internationalen Entwicklung an der Universität Wien abgeschlossen habe.

Bildbeschreibung der Cover-Grafik

Das Coverbild *Untitled #9* ist eine Grafik aus der Serie *Plastic Bodies* der_des audiovisuelle_n Künstler_in *bertkovski*. Die Grafik besteht aus einem mittig platzierten abstrakten roten Objekt auf einem Hintergrund mit grauem Verlauf. Das Objekt ist länglich mit einigen Rundungen und Zuspitzungen und ist farblich in dunkelrot gehalten, wobei weiß glänzende und hellere Verläufe sowie schwarze Schattierungen die Farbe durchsetzen. *bertkovski* hat dazu mit endoskopischen Aufnahmen menschlicher Organe gearbeitet, die grafisch so verzerrt und abstrahiert wurden, dass sie als solche kaum mehr entschlüsselbar ist. Dadurch wird eine Kategorisierung des Objekts entlang hegemonialer Körpernormen verunmöglicht. Lediglich die Farbgebung und die Oberflächenstruktur des Objekts verweisen auf dessen organischen Ursprung. Dadurch erhält das Bild den Effekt eines undefinierbaren und unförmigen Objekts, das zeitgleich unheimlich und vertraut wirkt.

Einleitung: „Entwicklung" behindern?

More than half the people of the world are living in conditions approaching misery. Their food is inadequate. They are victims of *disease*. Their economic life is primitive and stagnant. Their poverty is a *handicap* and a threat both to them and to more prosperous areas. For the first time in history, humanity possesses the knowledge and the skill to relieve the *suffering* of these people. […] I believe that we should make available to peace-loving peoples the benefits of our store of technical knowledge in order to help them realize ther aspirations for a *better life*.[1]

Das vorangestellte Zitat der Amtsantrittsrede des 33. US-amerikanischen Präsidenten Harry S. Truman vom 20. Januar 1949 wird innerhalb der sich als kritisch verstehenden Entwicklungsforschung häufig als der Beginn des modernen Entwicklungsdiskurses diskutiert, in der sich eine neue Diskursordnung im Sprechen und Denken über den globalen Süden formiert.[2] Die geläufige Lesart der Truman-Rede hebt insbesondere die in ihr enthaltene Konstruktion von „Unterentwicklung" und der „Dritten Welt" in Abgrenzung zum „entwickelten" und „modernen Westen"[3] hervor. Die Staaten der sogenannten Dritten Welt werden dabei als nicht nur räumlich distant sondern auch auf einer imaginierten universalen Zeitlinie als rückständig konstruiert, wobei Truman die Armut der „Anderen" auch als Bedrohung des eigenen Reichtums erfasst. Im historischen Kontext des Kalten Krieges und des ideologischen Wettbewerbs um die blockfreien Staaten der Peripherie verspricht Truman jenen „peace-loving peoples" (zu lesen als nichtkommunistisch) durch den Transfer westlichen Wissens und westlicher Technologien ein besseres Leben durch Einbindung in das kapitalistische

---

1 Truman, Harry: *Inaugural Address*. 1949. Letzter Zugriff: 10.07.2013, http://www.presidency.ucsb.edu/ws/?pid=13282. [Hervorhebung I.G.]

2 cf. Eriksson Baaz, Maria: *The Paternalism of Partnership. A Postcolonial Reading of Identity in Development Aid*. Zed Books: London 2005. Escobar, Arturo: *Encountering Development. The Making and Unmaking of the Third World*. Princeton University Press: Princeton/ Oxford 2012 [1995].Ziai, Aram: *Zwischen Global Governance und Post-Development. Entwicklungspolitik aus diskursanalytischer Perspektive*. Westfälisches Dampfboot: Münster 2006.

3 Die Begriffe „Dritte Welt", „der Westen" und „westlich" „Entwicklung" sowie „globaler Süden" und „globaler Norden" verstehe ich als brüchige Konstruktionen, die Anführungszeichen werden im Folgenden weggelassen.

Weltsystem.[4] Der moderne Entwicklungsdiskurs mitsamt seiner Gewalt und seinen Versprechungen und Verheißungen war geboren.

Neben dieser, innerhalb der Entwicklungsforschung viel rezipierten Interpretation, enthält das Zitat meiner Meinung nach aber eine weitere Facette, der bislang zu wenig Beachtung geschenkt wurde und die auf eben jene Bedeutungen von „Behinderung" im Entwicklungsdiskurs hinweist, mit denen ich mich in diesem Buch befasse.

Truman verwendet in seiner Darstellung der Dritten Welt den Begriff des *Handicap* als Metapher für Armut, die in seiner Argumentationslinie ein direktes Resultat der „primitiven" und „stagnierenden" Wirtschaftssysteme des globalen Südens ist. Seine ausschließliche Verortung von Armut im globalen Süden und seine Zuschreibung von Primitivität und Stagnation machen deutlich, dass Truman Armut als Resultat von Unterentwicklung betrachtet. „Behinderung" und wird in diesem Sinne zur Metapher für „Unterentwicklung".

Eine solche Metaphorisierung von „Behinderung" und „Unterentwicklung" geschieht nicht zufällig, sondern baut auf einer langen diskursiven Tradition auf.

> Economic concepts like the 'undevelopable nation', while seemingly detached from disability associations, conjure up images of nationalist, collectivist feeblemindedness and behavioural poverty.[5]

Schon in kolonial-rassistischen Diskursen haben „Behinderung", „Degeneration" und „Krankheit" als Metaphern für rassialisierte Differenz fungiert, durch die die kognitiven, rationalen und physischen Fähigkeiten Schwarzer Menschen abgewertet wurden und sich in Abgrenzung hegemoniales Weißsein durch Diskurse über „Gesundheit", „Hygiene" und „Reinheit" herstellte.[6] Die Konstruktion von „Rasse" war eng verbunden mit der Konstruktion

---

4   cf. Fischer, Karin/ Hödl, Gerald/ Parnreiter, Christof: „Entwicklung – eine Karotte, viele Esel?". In: Fischer, Karin u.a. (Hrsg.): *Entwicklung und Unterentwicklung. Eine Einführung in Probleme, Theorien und Strategien.* Mandelbaum: Wien 2007, S. 13-15.

5   Campbell, Fiona Kumari: „Geodisability Knowledge Production and International Norms: a Sri Lankan case study". In: *Third World Quarterly* 32 (8). Routledge: London, 2011, S. 1462.

6   cf. Dietrich, Anette: *Weiße Weiblichkeiten. Konstruktion von „Rasse" und Geschlecht im deutschen Kolonialismus.* Transcript: Bielefeld 2007.

geistiger und körperlicher Differenz, die häufig deren Kern bildete. Diese Konstruktion diente der Legitimation von gewaltsamer Ausbeutung und Unterdrückung Schwarzer Menschen durch Sklavenhandel, Kolonialismus und Neokolonialismus.[7] Während „Behinderung" im kolonialen Diskurs als Metapher auf die körperliche Konstitution und die rassialisierte Differenz der Kolonisierten verwies, zeigt sich bei Truman, dass „Behinderung" im Entwicklungsdiskurs nicht mehr auf einzelne Körper abzielt, sondern auf ganze Gesellschaften im globalen Süden.[8] In seiner Darstellung wird die „Dritte Welt" zu einem Ort, der von Krankheit und Leiden geprägt ist und der der Rettung und Rehabilitation durch die westliche, vermeintlich freie und entwickelte, Welt bedarf. Diese „kurative Logik"[9] durchzieht den modernen Entwicklungsdiskurs seit seinem Aufkommen.

Gemeinsam ist den Vorstellungen von „Behinderung" und „Unterentwicklung" dabei, dass sie auf eine Zeitachse projiziert werden, auf der sie als anachronistisch und stagnierend erscheinen.[10] Sowohl dominante Erklärungsmuster von „Behinderung" als auch „Unterentwicklung" verweisen auf ein Konzept normativer Zeitlichkeit, von dem sie abweichen. Die semantische Nähe dieser Konstruktion findet in der Bezeichnung der „Entwicklungsbeeinträchtigungen" (*developmental disabilities*) ihren Höhepunkt.[11] „Nicht-Behinderung" und „Entwicklung" bilden dabei die normativen Muster der durch Rehabilitation und Entwicklungsinterventionen angestrebten Zeitlichkeit. „[...] disabled people along with countries

---

7 cf. Erevelles, Nirmala: *Disability and Difference in Global Contexts. Enabling a Tranformative Body Politic.* Palgrave Macmillan: New York 2011, S. 103, S. 142.
8 cf. Ziai 2006, S. 36-37.
9 Kolářová, Kateřina: „The Inarticulate Post-Socialist Crip. On the Cruel Optimism of Neoliberal Transformations in the Czech Republic". In: *Journal of Literary & Cultural Disability Studies* 8(3). 2014, S. 258.
10 Die Verzeitlichung von „Behinderung" wird insbesondere in medizinischen Begriffen wie „Diagnose", „Prognose", „chronischen Schmerzen" deutlich, cf. Kafer, Alison: *Feminist, Queer, Crip.* Indiana University Press: Bloomington 2013. Mel Y. Chen streicht in ihren neueren Arbeiten anhand einer Genealogie des Down Syndroms die gleichzeitige Rassialisierung der Verzeitlichung von „Behinderung" heraus, cf. Chen, Mel Y.: „Keep your Eyes on the Clock". Paper präsentiert im Rahmen der Konferenz *De-colonizing Disability Theory 1: Cripping Development,* Czech Academy of Science, 19.-21.09.2013.
11 Kafer 2013, S. 25.

deemed ontologically disabled (the third world) are required to come up to standard, to be improvable".[12] Die Verbesserung bedeutet in diesem Fall immer eine Angleichung an das, was als gesund, normal und fortschrittlich imaginiert wird. Das von Truman in Aussicht gestellte „better life" orientiert sich nicht nur an westlichen Technologien und Wissensordnungen sondern ist auch ein Leben ohne Krankheiten und „Behinderung".

Diese Metaphorisierung von „Behinderung" im Entwicklungsdiskurs kann mit Referenz auf die *Disability-Studies*-Theoretiker_innen David Mitchell und Sharon Snyder als „narrative Prothese" begriffen werden.[13] Mitchell und Snyder beschreiben „Behinderung" in dem Sinne als prothesenhaft, als dass sie als Anti-These die fiktionale Normalität des Eigenen – im Fall des obigen Zitates der USA, beziehungsweise des „Westens" – betont. „Behinderung" markiert in Trumans Narration eine Abgrenzung vom „unterentwickelten Anderen", durch die die Illusionen (körperlicher) Ganzheit, normaler Funktionsfähigkeit und das Bild eines gesunden (Volks-) Körpers der als entwickelt imaginierten Gesellschaften hergestellt und bestärkt wird. „Behinderung" markiert die Abweichung von westlichen Normen guter Staatlichkeit, wirtschaftlichem Wachstum und gesellschaftlichen Regelungen. Die Metapher beschreibt gleichsam das Nicht-Funktionieren und Fehlen dieser Ordnung. „Behinderung" funktioniert in diesem Sinne also als Metapher für „Unterentwicklung"; das „unterentwickelte" Andere wird als körperlich und geistig different – als „behindert" – repräsentiert. Die „behinderten Anderen" werden als Problem konstruiert, die der Rehabilitation durch westliches Wissen und westliche Technologien bedürfen. Erneut wird in diesen Versprechungen der Rehabilitation die semantische Nähe von „Behinderung" und „Unterentwicklung" deutlich, verspricht die Rehabilitation durch entwicklungspolitische Interventionen nicht nur (wirtschaftliches) Wachstum und Funktionalität, sondern auch „Gesundheit". Sowohl die Rehabilitation durch medizinische Eingriffe als auch die Rehabilitation durch Entwicklungsinterventionen – beide liegen weniger

---

12 Campbell, Fiona Kumari: „Re-cognising Disability: Cross-Examining Social Inclusion through the Prism of Queer Anti-Sociality". In: *Jindal Global Law Review* 4(2), 2013, S. 211.

13 cf. Mitchell, David T./ Snyder, Sharon L.: *Narrative Prothesis. Disability and the Dependencies of Discourse.* The University of Michigan Press: Ann Arbor 2001.

weit voneinander entfernt, als man glauben möchte, wie sich im Verlauf des Buches noch zeigen wird – zielen also auf eine Anpassung des Körpers an eine gesundheitliche Norm ab.[14]

Darüber hinaus wird die „Behinderung" der Anderen als Bedrohung für den Westen repräsentiert, der ebenfalls Gefahr läuft, durch die Armut der Anderen „behindert" zu werden. Es ließe sich argumentieren, dass Truman in diesem Zitat also nicht nur einzelne Staaten als Körper konstruiert, sondern gleichsam die gesamte Weltbevölkerung als geopolitischen Körper imaginiert, dessen Gesundheit durch die „Behinderung" einzelner Körperteile/Organe gefährdet ist. „Behinderung" dient auch in Trumans Zitat als Legitimation für (entwicklungspolitische) Interventionen in die formal unabhängigen Länder des globalen Südens. Wird Trumans Rede als Beginn des modernen Entwicklungsdiskurses gedeutet, verweist diese Interpretation darauf, dass „Behinderung" immer schon Teil dieses Diskurses war, der sich bei näherer Betrachtung als reich an prothesenhaften Erzählungen über „Behinderung", Rehabilitation und Heilung erweist.

Neben der Metaphorisierung und jenen prothesenhaften Narrativen tritt „Behinderung" aber auch in Form von Politiken und Praxen, die auf „behinderte" Körper abzielen, in den Entwicklungsdiskurs ein. Besonders seit Anfang der 2000er Jahre formiert sich um das Schlagwort „Inklusive Entwicklung" eine neue Strategie zur Adressierung von „Behinderung" im Entwicklungskontext, die im Sinne eines Mainstreamings darauf abzielt, Menschen mit „Behinderung/en" in alle Prozesse und Bereiche der Entwicklungspolitik und -zusammenarbeit einzubeziehen. Inklusive Entwicklung wird dabei von verschiedenen Akteur_innen als besonders Erfolg versprechender Ansatz gewertet, der einen paradigmatischen Wechsel markiert. Inklusive Entwicklung trägt dabei das Versprechen, Exklusion zu beenden, zu einer „gerechteren Entwicklung" beizutragen und „Behinderung" aus einer menschenrechtsbasierten Perspektive zu behandeln. Die Rhetorik Inklusiver Entwicklung orientiert sich dabei an globaler Gerechtigkeit und optimistischen Zukunftsentwürfen.

Das Nachspüren dieser Erzählungen bildet den Ausgangspunkt dieser Studie, die von einem Unbehagen angesichts der weitgehend unkommentierten

---

14 cf. Kolářová 2014, S. 264.

optimistischen Setzung inklusiver Entwicklungsdiskurse angetrieben ist. Denn während die *Disability Studies* Forschungen zu und mit „Behinderung" zwar zunehmend mit Globalisierungs- und Modernisierungskritik verbinden, bleibt „Entwicklung" als spezifische Formierung globaler Macht- und Herrschaftsverhältnisse oft unbenannt. Andererseits diskutieren kritische Ansätze der Entwicklungsforschung zwar diese spezifischen Ausformungen globaler Herrschaft, übersehen aber „Behinderung" selbst dann, wenn sie den Blick auf Körper und Verkörperungen richten. Daraus folgt, dass „Inklusive Entwicklung" mitsamt ihren Verheißungen und ihrer Gewaltförmigkeit von beiden Forschungsfeldern nur wenig kritische Aufmerksamkeit erfährt und der Optimismus, der sich auf die Zukunftsversprechen Inklusiver Entwicklung bezieht, nicht herausgefordert wird.

Ob und wie diese Versprechen von Inklusiver Entwicklung eingelöst werden oder überhaupt eingelöst werden können, ist das Thema des vorliegenden Buches, in dem ich mich kritisch mit dem Diskurs der Inklusiven Entwicklung auseinandersetzen möchte und diesen auf seine emanzipatorischen aber auch gewaltförmigen Praxen hin befragen will. Inklusive Entwicklung – also die Forderung, Menschen mit „Behinderung/en" in die Entwicklungszusammenarbeit zu inkludieren und die daraus resultierenden Handlungsanweisungen – betrachte ich dabei aus der Perspektive der *Crip Theory*. Damit werde ich feministische,[15] postdevelopmentalistische und postkoloniale[16] Entwicklungskritiken mit kritischen Forschungsperspektiven auf und zu „Behinderung" und „Normalität" verbinden.

Dieses Buch spürt den vielfältigen Narrativen zu „Behinderung" und „Entwicklung" nach, um die Ambivalenzen einer Politik aufzuzeigen, die

---

15 Auch wenn sich diese Arbeit nur partiell auf feministische und queere Theorien bezieht, haben feministische und queere Konzeptionen des Körpers, die diesen in seiner sozialen Gewordenheit denaturalisieren und politisieren, von Beginn an meinen Zugang zu „Behinderung" geprägt und mir das theoretische Werkzeug für eine kritische Auseinandersetzung mit „Behinderung" geliefert.

16 Obwohl ich in dieser Arbeit mit postkolonialen Theorien arbeiten werde, wiederhole ich dennoch durch die Auswahl meines Analysematerials, ebenso wie durch die Auswahl der englisch- und deutschsprachigen Literatur, die Marginalisierung von Perspektiven aus dem sogenannten globalen Süden und widerständiger, gegenhegemonialer Repräsentationen von Menschen mit „Behinderung/en" im globalen Süden.

sich zwischen Inklusion und Exklusion, Ermächtigung und (Re-)Kolonisierung, Enthierarchisierung und Normalisierung und schlussendlich zwischen Utopie und Dystopie bewegt. *Cripping Development?* fragt danach, welches Wissen über „Behinderung" im Entwicklungsdiskurs (re)produziert wird und welche (normativen) Vorstellungen von „Behinderung" und „Nicht-Behinderung" dabei präsent sind. Welche Körper werden als „normal" und „gesund", welche als „krank" und „defekt" konstruiert? Wie sind solche Identifikationen mit oder Abgrenzungen von „Behinderung" in ein von globalen Ungleichheiten geprägtes Handlungsfeld eingelassen? Welche Rolle kommt einer Rhetorik der Inklusion in Diskursen zu Entwicklung, globalen Menschenrechten und Gerechtigkeit zu? Wodurch ist eine solche Rhetorik bedingt und welche politischen Implikationen werden davon abgeleitet?

Diese Fragen umreißen die Thematik des vorliegenden Buches, in dem ich mich kritisch mit dem Diskurs der Inklusiven Entwicklung auseinandersetze und diesen auf seine emanzipatorischen, aber auch gewaltförmigen, Praxen hin befrage.

Trotz meiner Kritik an Inklusiver Entwicklung ist es mir wichtig zu betonen, dass ich eine komplette Zurückweisung derselben für theoretisch und ethisch nicht vertretbar halte. Ich möchte nicht leugnen, dass durch Inklusive Entwicklung die Lebensumstände von Menschen mit „Behinderung/en" im globalen Süden teilweise verbessert und ihnen Zugänge zu Ressourcen verschafft werden. Gleiches gilt für meine Kritik an Rehabilitationsdiskursen; die nicht darauf abzielen, Personen ihren Wunsch nach Rehabilitation abzusprechen. Eine Auflösung dieses Spannungsverhältnisses von Kritik und gleichzeitiger Anerkennung der positiven Effekte zugunsten einer eindeutigen Zurückweisung oder Bejahung Inklusiver Entwicklung erscheint mir nicht möglich, weshalb ich diese Ambivalenz durch das Buch hinweg sichtbar halten möchte.

Ich schreibe dabei aus der Perspektive einer im „globalen Norden" verorteten, der Mittelklasse angehörigen, queeren, (wenn auch prekär und temporär) „nicht-behinderten" Person mit *weißen* Privilegien. Diese Situiertheit bestimmt maßgeblich mit, welche Fragen ich wie stelle, welche Texte ich wie rezipiere und eben auch welche Fragen ich nicht stelle, welche Leerstellen ich selber produziere, welche Texte ich nicht wahrnehme oder aufgrund von Sprachbarrieren nicht rezipieren kann und wie sich mein eigenes Schreiben ausgestaltet.

Im Laufe des Schreibens hat sich für mich immer wieder die Frage gestellt, wie und mit welcher Berechtigung ich als „nicht-behinderte" Person
„Inklusion" beziehungsweise Inklusive Entwicklung kritisieren und gleichzeitig eine solidarische Position gegenüber Menschen mit „Behinderung/
en" beziehen kann? Eine kohärente und befriedigende Antwort auf diese
Frage habe ich bislang nicht gefunden, aber ich möchte diese Frage auch
im Schreibprozess stets reflektieren. Trotz und wegen dieser Auffassung
identifiziere ich mich mit einer politischen Positionierung, die Normen herausfordert und hinterfragt.

Meinem Schreiben liegt die Annahme zugrunde, dass Sprache nicht
lediglich gesellschaftliche Realität abbildet, sondern über Sprache gesellschaftliche Machtverhältnisse transportiert und (re)produziert werden:
„Follow the norms. Of. The Well Written".[17] Daher ist es mir wichtig,
meine eigenen Schreibweisen und die von mir gewählten Begrifflichkeiten
(und das damit einhergehende Unbehagen) aufzuschlüsseln. Das Zitat der
postkolonialen, feministischen Theoretikerin Trinh Thi Minh-ha verweist
darauf, dass wissenschaftliche Texte durch die Anforderungen an den Auf-
bau, die Kohärenz, die korrekte Grammatik, die Zitierweise sowie die zu
verwendende Sprache selber gewissen disziplinierenden Regeln und Normen
folgen (müssen), die eurozentrisch, androzentrisch und ableistisch sind und
denen ich mich selber nur sehr bedingt entziehen kann. Daraus ergibt sich
die paradoxe Situation, dass auch herrschaftskritische wissenschaftliche
Arbeiten durch die Rezitierung dieser Normen jene machtvollen Diskurse wiederholen. Sprachliche Interventionen, die sich in unterschiedlichen
Schreibweisen und gewählten Begrifflichkeiten niederschlagen, sind für
mich dabei ein Versuch, dieses Paradox zu bearbeiten und zumindest partiell diese Normen aufzubrechen.

In Anlehnung an queer-feministische Sprachinterventionen verwende ich
den Unterstrich_ beziehungsweise den *Gender Gap*, durch den ich versuche,
die Vorstellung einer starren Zweigeschlechtlichkeit aufzubrechen und einen
Raum für nicht-binäre Geschlechtsidentifikationen zu öffnen.

> Damit ist ein Platz markiert, den unsere Sprache nicht zulässt, ein Raum spielerischer
> und erotisch-lüsterner Geschlechtlichkeit, den es in unserer Geschlechterordnung

---

17 Minh-ha, Trinh Thi: *Woman, Native, Other. Writing Postcoloniality and Feminism.* Indiana University Press: Bloomington 1989, S. 17.

nicht geben darf. [...] Zwischen die Grenzen einer rigiden Geschlechterordnung gesetzt, ist er die Verräumlichung des Unsichtbaren, die permanente Möglichkeit des Unmöglichen.[18]

Trotz der Kritik am System der Zweigeschlechtlichkeit scheint es mir zwischenzeitlich notwendig, geschlechtliche Zuschreibungen zu benennen, da diese trotz ihres Konstruktionscharakters gesellschaftlich wirksam sind und ich die mit Geschlechtszuweisung verbundenen Privilegierungen oder Diskriminierungen nicht verschleiern möchte. Um dennoch den Konstruktionscharakter von Geschlechtskategorien sichtbar zu halten, verwende ich ein Sternchen* und schreibe von Frauen* und Männern*.

Meine Schreibweise von „Behinderung" hat sich im Laufe dieser Arbeit beständig verändert und erweitert, habe ich zunächst noch von Menschen mit Behinderung geschrieben, da dies einer im deutschsprachigen Raum weit verbreiteten Selbstbezeichnung entspricht, kam schon bald das Bedürfnis auf, „Behinderung" unter Anführungszeichen zu setzen, um ebenfalls auf den Konstruktionscharakter dieser Kategorie zu verweisen. Schwieriger und uneindeutiger erscheint mir die Benennung von „Nicht-Behinderung". Genauso wie „Behinderung" verstehe ich „Nicht-Behinderung" als machtvolle soziokulturelle Zuschreibung. Seltener verwende ich dafür den Begriff der „Befähigung". Im Englischen hat sich für dieses System der Zuschreibung der Begriff *Ableism* etabliert, den ich teilweise auch verwende. Die im deutschsprachigen Raum vorherrschende Unklarheit darüber, was *Ableism* bedeutet, bereitet mir Unbehagen, gleichzeitig scheint es bislang keine treffende Übersetzung zu geben (der Begriff wurde ins Deutsche bislang als „Ableismus" übersetzt, was das Problem der Übersetzbarkeit jedoch nicht löst, auch wenn die Endung –ismus zumindestens andeutet, dass es sich hierbei um ein Machtverhältnis handelt). Um die wechselseitige Bedingtheit von „Behinderung" und „Nicht-Behinderung" zu bezeichnen, verwende ich die Schreibweise „(Nicht-)Behinderung", die an die englische Sprachintervention *dis/ability* angelehnt ist. Eine genaue Übersetzung dieses Begriffs ins Deutsche, die sichtbar hält, dass *ability* – also „Nicht-Behinderung" – die Norm innerhalb dieses Zuschreibungssystems bildet,

---

18 Herrmann, Steffen Kitty: „Performing the Gap. Queere Gestalten und geschlechtliche Aneignung". In: A.G. GENDER KILLER (Hrsg.): *Das gute Leben. Linke Perspektiven auf einen besseren Alltag*. Unrast: Münster 2007, S. 195-196.

scheint es bislang nicht zu geben. Eine Übersetzungsmöglichkeit könnte der Begriff der „Be(un)fähigung"[19] sein, den ich aus Überlegungen der Verständlichkeit jedoch hier nicht verwenden möchte. Es ist mir wichtig, diesen Prozess der ständigen Veränderung der Schreibweise und meiner eigenen begrifflichen Unsicherheiten transparent zu machen, da er meiner Ansicht nach auf meine eigene Sprachlosigkeit im Sprechen und Schreiben über „Behinderung" und den damit verbundenen Achsen der Diskriminierung und Privilegierung verweist.

Weiterhin schreibe ich in Anlehnung an die ermächtigende Selbstbezeichnung von von Rassismus betroffenen Menschen Schwarz groß und ohne Anführungszeichen, während ich in Abgrenzung zu diesem Widerstandspotential *weiß* klein und kursiv schreibe, um auf den Konstruktionscharakter von Rassialisierungen hinzuweisen. Die Begriffe Schwarz und *weiß* bezeichnen demnach keine natürlichen Differenzen, sondern verweisen vielmehr auf die Effekte von einer rassialisierten und rassialisierenden Macht.

Das Buch gliedert sich in folgende Teile: In *Kapitel 1* gehe ich zunächst anhand einer grundlegenden Einführung in Konzepte und Begriffe einer Verhältnisbestimmung von kritischer Entwicklungsforschung und *Disability Studies* nach, um anschließend erste Verbindungslinien zwischen den beiden Forschungsfeldern aufzuzeigen. Diese prüfe ich hinsichtlich ihrer Konzeption von „Entwicklung", „Behinderung" und globalen Machtverhältnissen auf ihre Potentiale und Begrenzungen für eine kritische Auseinandersetzung mit Inklusiver Entwicklung.

In *Kapitel 2* erweitere ich diese Perspektiven durch eine Zusammenführung mit Ansätzen der *Crip Theory*. Neben einer Einführung zu zentralen theoretischen Konzepten der *Crip Theory,* ihren epistemologischen Grundlagen und daraus hervorgehende Kritiken an Identitätskonzepten, Inklusionspolitiken und globalen Ungleichheitsverhältnissen, enthält dieses Kapitel auch Überlegungen zur methodischen Übersetzbarkeit der *Crip Theory*. Dabei versuche ich ein an die literatur-wissenschaftliche Methode des *Queer Readings* angelehntes *Crip Reading* für die Analyse entwicklungspolitischer Texte zu entfalten.

---

19 Ich danke den Teilnehmer_innen und Trainer_innen des *Dis/ability* Thementutoriums für diese kreative Sprachintervention!

Kapitel 3 kehrt schließlich zu den Ausgangsfragen nach den Ambivalenzen Inklusiver Entwicklung zurück und arbeitet diese anhand einer Analyse deutschsprachiger entwicklungspolitischer Texte heraus. Ausgehend von exemplarischen Analysen ausgewählter Beispiele aus der Spenden- und Öffentlichkeitsarbeit, Policy-Papers und Handbüchern gehe ich dabei dominanten Repräsentationsmustern und Wissensproduktionen nach, diskutiere die Verschränkungen zwischen Entwicklungs- und Menschenrechtsdiskursen und die damit verbundenen Fallstricke und versuche die zugrunde liegenden Logiken und Normalisierungsprozesse aufzudecken.

Abschließend kehre ich zu dem Thema Zukunfts- und Glücksversprechen zurück, lege zusammenfassend dar, wie und warum Inklusive Entwicklung an ihren eigenen Utopien scheitert. In einem Ausblick versuche ich diese Kritiken für eine Argumentation zur Notwendigkeit utopischen Denkens in *crippen* Kategorien nutzbar zu machen.

Kapitel 1: Körper und/ in Entwicklung. Erste Verbindungslinien zwischen kritischer Entwicklungsforschung und Disability Studies

Underdevelopment became the subject of political technologies that sought to erase it from the face of the Earth but that ended up, instead, multiplying it to infinity.[20]

Entwicklungszusammenarbeit wird im Alltagsverständnis häufig mit dem Kampf gegen Armut und dem Abbau globaler Ungleichheit assoziiert. EZA wird hier verstanden als Unterstützung für Staaten und Gesellschaften im globalen Süden zur Überwindung ihrer vermeintlichen Unterentwicklung. In Anbetracht dessen scheint die Aussage von Arturo Escobar, dass Unterentwicklung durch eben jene Technologien und Politiken, die sie bekämpfen sollte, ins Unendliche multipliziert wurde/ wird, im drastischen Widerspruch zu den Ansprüchen der Entwicklungszusammenarbeit zu stehen. Kritische Entwicklungsforscher_innen wie Escobar haben es sich jedoch zur Aufgabe gemacht aufzuzeigen, dass Entwicklungszusammenarbeit ungeachtet ihres Anspruches häufig zu einer (Re-)Produktion globaler Ungleichheits- und Machtverhältnisse beiträgt. Insbesondere postkoloniale, post-developmentalistische sowie (queer-)feministische Ansätze der Entwicklungsforschung sind darum bemüht herauszuarbeiten, wie sich globale Machtasymmetrien und Gewaltverhältnisse in die EZA einschreiben, sich in ihr oder durch sie reproduzieren, und des Weiteren auf die kolonialen Verstrickungen entwicklungspolitischen Handelns hinzuweisen, um so die inhärenten Widersprüche des Entwicklungsdiskurses sichtbar zu machen. Eine sich als kritisch verstehende Entwicklungsforschung setzt dazu an, „Entwicklung" selbst zu dekonstruieren. Sie erforscht Diskurse und Praktiken rund um diesen Gegenstand und fragt danach, wie „Entwicklung" zum hegemonialen Instrument der Machtausübung über den globalen Süden wurde. Sie spürt also den historischen Gewordenheiten von „Entwicklung" und „Unterentwicklung" nach, formuliert Unbehagen und Kritik angesichts Verbesserungsversprechen und Fortschrittsnarrativen, zeigt deren Verstrickungen mit (neo)

---

20 Escobar 2012 [1995], S. 52.

13

kolonialen Denkmustern und globalen Ungleichheitsverhältnissen auf und arbeitet die Widersprüchlichkeiten eines Feldes heraus, dass sich zwischen dem Ziel, internationale Macht- und Missverhältnisse zu transformieren und dem Scheitern an eben jenem Vorhaben bewegt.

Nachdenken über „Entwicklung": Entwicklungsforschung zwischen Diskurskritik und Maschinen-Metaphern

Entwicklung als Diskurs zu verstehen, meint in Anlehnung an den Diskursbegriff von Michel Foucault, Entwicklung als eine machtvolle Praxis der Wissens- und Wahrheitsproduktion über das „Andere von Entwicklung" – „Unterentwicklung" oder die sogenannte „Dritte Welt" – zu verstehen.[21] Der Entwicklungsdiskurs produziert dementsprechend bestimmte Formen von Wissen und Macht über seinen Gegenstand: „Entwicklung". Dabei ist dieser Diskurs von spezifischen Regeln geprägt, die bestimmen, welche Aussagen intelligibel – also innerhalb des Entwicklungsdenkens sinnhaft und denkbar – sind und deshalb als wahr anerkannt werden[22]. Insbesondere feministische, postkoloniale und post-developmentalistische Analysen von Entwicklung beziehen sich häufig auf dieses Verständnis von Entwicklung als Diskurs.

Auch Arturo Escobar, einer der meist rezipierten Post-Development-Theoretiker, teilt dieses Verständnis und bestimmt dabei in Anlehnung an die

---

21 Für Foucault hängen die Komponenten Macht und Wissen eng zusammen, weshalb er von einem Macht-Wissen-Komplex spricht. Macht und Wissen sind bei Foucault zwar nicht ident, jedoch gibt es in seiner Konzeption keine Macht, die nicht auch Wissen produziert und gleichzeitig setzt jede Form der Macht spezifisches Wissen voraus; Macht und Wissen bedingen einander gegenseitig. Macht formt dabei die Diskurse und deren Regeln und gleichzeitig legitimiert sich Macht über Diskurse. Foucault schlägt deshalb vor, Diskurse „als Praktiken zu behandeln, die systematisch die Gegenstände bilden, von denen sie sprechen". Foucault, Michel: *Archälogie des Wissens*. Suhrkamp: Frankfurt a.M. 1973a, S. 74.

22 Dieses Verständnis von Entwicklung als Diskurs steht im Gegensatz zu anderen entwicklungskritischen Positionen, die Entwicklung als Ideologie, die wahre Interessen verschleiert, zurückweisen. Diskursanalytischen Perspektiven auf Entwicklung geht es weniger darum, den Diskurs auf seinen Wahrheitsgehalt hin zu prüfen, sondern vielmehr ist ihr Ziel, herauszuarbeiten, wie diese Wahrheit produziert wird und welche machtvollen Effekte sie hervorbringt.

Überlegungen von Foucault drei Achsen, die diesen Diskurs bestimmen – Wissen, Macht und Subjektivität.[23]

Der Entwicklungsdiskurs ist kein homogener und kohärenter Diskurs, teilt aber dennoch gemeinsame Annahmen über die Probleme und Zielsetzungen entwicklungspolitischer Vorhaben.[24] Gleichzeitig ist „(Unter-) Entwicklung" selbst kein isolierter Diskurs, sondern baut auf anderen Diskurssträngen auf, bedient diese und reproduziert sie. So betonen Entwicklungsforscher_innen, dass „Entwicklung" zwar in der Nachkriegszeit im Kontext des Kalten Krieges und der Dekolonisierung mit neuen Bedeutungen belegt wurde und sich der Apparat der Entwicklungsindustrie erst ab dieser Zeit zu etablieren begann, „Entwicklung" an sich aber kein neues Konzept ist. Im Gegenteil baut sie auf einer Idee von „Fortschritt" auf, die aus der Zeit der Aufklärung hervorgegangen ist.[25] Das gilt insbesondere für Modernisierungstheorien, die Entwicklung als einen linearen und universalen Prozess begreifen, der bis lang jedoch nicht von allen Gesellschaften gleichermaßen vollzogen wurde, so dass sich unterschiedliche Gesellschaften in verschiedenen Stadien der „(Unter-)Entwicklung" befinden. Die „Anderen" werden in diesem Verständnis von Entwicklung sowohl räumlich als auch zeitlich entfernt repräsentiert. In ihrer Analyse imperialer Diskurse hat die feministisch-postkoloniale Theoretikerin Anne McClintock für dieses strategische Motiv der Verräumlichung und Verzeitlichung von Differenz das Begriffspaar *anachronistic space* und *panoptical time*[26] geprägt, mit dem sie beschreibt, wie „[...] geographical difference across *space* is figured as historical difference across *time*"[27]. Diese Überlegungen lassen sich auch auf den modernen Entwicklungsdiskurs übertragen, denn erst die Differenzierung und Distanzierung von den Anderen ermöglicht es, das Eigene – also den globalen Norden – als „entwickelt", „westlich" und „modern" zu imaginieren. Diese Prozesse des *Otherings* herauszuarbeiten

---

23 Escobar 2012 [1995], S. 10.
24 cf. Eriksson Baaz, Maria: *The Paternalism of Partnership. A Postcolonial Reading of Identity in Develoment Aid*. Zed Books: London 2005, S. 29-30.
25 cf. ibid., S. 37.
26 cf. McClintock, Anne: *Imperial Leather. Race, Gender and Sexuality in the Colonial Contest*. Routledge: New York/ London 1995, S. 36-42.
27 ibid., S. 40 [Hervorhebung im Original].

15

ist ein zentrales Moment einer an postkolonialen Theorien orientierten Entwicklungsforschung. So hat Chandra T. Mohanty bereits Mitte der 1980er Jahre eindrücklich herausgearbeitet, wie die Repräsentation der „Dritte-Welt-Frau" in der feministischen Literatur als die „Andere" der Konstruktion der Überlegenheit *weißer* Frauen dient.

> This average third world woman leads an essentially truncated life based on her feminine gender (read: sexually constrained) and being 'third world' (read: ignorant, poor, uneducated, tradition-bound, domestic, family-oriented, victimized, etc.). This, I suggest, is in contrast to the (implicit) self-representation of Western women as educated, modern, as having control over their own bodies and sexualities, and the freedom to make their own decisions.[28]

Über die Abgrenzung von einem als homogen imaginierten Anderen wird die eigene Überlegenheit hergestellt. Die Anderen werden dabei als homogene Gruppe mit gleichen Eigenschaften und Bedürfnissen konstruiert, ihre Heterogenität wird negiert und sie werden auf ihre Differenz reduziert. Mohanty spricht in diesem Zusammenhang von diskursiver Kolonisierung. Diese diskursive Kolonisierung ist im Entwicklungsdiskurs zentral. Innerhalb von „Entwicklung" schreibt sich das koloniale Moment der Konstruktion des Eigenen in Abgrenzung zum Anderen fort, denn auch das „entwickelte Selbst" kann erst durch die Abgrenzung vom „zu-entwickelnden Anderen" hergestellt werden. Wie Maria Eriksson Baaz aufzeigt, ereignet sich diese diskursive Kolonialisierung vor allem auch in der Kontaktsituation zwischen Geber_innen und Empfänger_innen, EZA-Praktiker_innen aus dem globalen Norden und ihren Partner_innen im globalen Süden. Sie beschreibt in ihrer Analyse von Interviews mit EZA-Praktiker_innen in Tansania, wie diese ihre Identität durch die Abgrenzung und Inferiorisierung von ihren Partner_innen konstruieren. In diesem Diskurs steht das „[...] superior, active, reliable Self in contrast to an inferior, passive, unreliable partner".[29] Der globale Norden markiert in diesem Narrativ die Norm, anhand derer andere Gesellschaften als „unterentwickelt" beurteilt werden, weshalb *Eurozentrismus* als ein Kernelement des Entwicklungsdiskurses identifiziert

---

28 Mohanty, Chandra Talpade: „Under Western Eyes. Feminist Scholarship and Colonial Discourses". In: *Boundary 2* 12(3), 1984, S. 337.
29 Baaz 2005, S. 9.

werden kann. Durch diese Normsetzung wird gleichzeitig auch das Ziel von Entwicklungsinterventionen bestimmt, denn „die Anderen" sollen in der Folge an die Normen des globalen Nordens angepasst werden. „Entwicklung" wirkt in diesem Sinne normalisierend. Hier werden die Verstrickungen zwischen kolonialem Denken und dem Entwicklungsdiskurs besonders deutlich. In der Aufarbeitung der Diskontinuitäten und Kontinuitäten zwischen dem Entwicklungsdiskurs und dem kolonialen Diskurs weist Aram Ziai darauf hin, dass die Grundlage beider Diskurse eine dualistische Weltsicht ist, bei der „[...] das Eigene [...] als Norm [dient], anhand derer die Minderwertigkeit des Fremden objektiv nachgewiesen wird"[30]. Während im kolonialen Diskurs die Differenz anhand der Kategorien „zivilisiert" und „unzivilisiert" markiert wurde, verläuft die Trennlinie im Entwicklungsdiskurs entlang der Kategorien „entwickelt" und „unterentwickelt". Das Prinzip dieses Dualismus ist jedoch gleich, es herrscht die Vorstellung, dass es einen universellen Vergleichsmaßstab gibt, anhand dessen Gesellschaften eingeteilt werden können. Dieser Vergleichsmaßstab wird im Entwicklungsdiskurs wie auch schon im kolonialen Diskurs durch den globalen Norden definiert, wodurch sich der koloniale Überlegenheitsanspruch im Entwicklungsdiskurs fortsetzt. Aram Ziai argumentiert daher, dass der rassistische „koloniale Blick" auch im Entwicklungsdiskurs fortdauert.[31] Auch Escobar versteht Entwicklung als kolonisierenden Diskurs, denn „[...] the production of the Third World through the articulation of knowledge and power is essential to the development discourse."[32] Das Phänomen der „Unterentwicklung" wird nach Escobar erst durch die Produktion von Wissen über die „Dritte Welt" erschaffen. Ebenso verhält es sich mit „Entwicklung". Das Wissen darüber, was „Entwicklung" ist, ist bedingt durch das Wissen über „Unterentwicklung".

---

30 Ziai, Aram: *Zwischen Global Governance und Post-Development. Entwicklungspolitik aus diskursanalytischer Perspektive.* Westfälisches Dampfboot: Münster 2006, S. 39.

31 cf. Ziai, Aram: „Rassismus und Entwicklungszusammenarbeit". In: Gomes, Bea/ Schicho, Walter/ Sonderegger, Arno (Hrsg.): *Rassismus. Beiträge zu einem vielgesichtigen Phänomen.* Mandelbaum: Wien 2008, S. 201.

32 Escobar 2012 [1995], S. 12.

> Das Wissen von der ‚Entwicklung‘ ist Wissen über die Falschheit anderer Lebensweisen und über ihre notwendige Veränderung. Es verleiht Eingriffen in diese Lebensweisen nicht nur Legitimität, sondern auch die Aura der guten Tat.[33]

Entwicklungszusammenarbeit und -politik kann somit als ein Apparat der Wissensproduktion gefasst werden, in dem das Wissen über die „Falschheit" anderer Lebensweisen generiert und operationalisiert wird. Ausgangspunkt dieses Wissens ist die Konstruktion spezifischer Probleme, für deren Lösung die EZA entsprechende Instrumente zur Verfügung stellt. In der Erfassung und Sichtbarmachung der Probleme spielt auch die wissenschaftliche Wahrheitsproduktion eine wichtige Rolle. In der fortwährenden Konstruktion „neuer" Probleme sieht Escobar ein zentrales Charakteristikum des Entwicklungsdiskurses. Stand in der Nachkriegszeit noch die „Entdeckung" von Armut im Mittelpunkt des Interesses entwicklungspolitischer Wissensproduktion und Interventionen, wurden in den folgenden Dekaden weitere Probleme wie Unterernährung, Bildung und ökologische Nachhaltigkeit „entdeckt" und weitere Zielgruppen wie Frauen, Kinder und Landwirt_innen in den Entwicklungsdiskurs eingeführt.[34]

> Problems were continually identified, and client categories brought into existence. Development proceeded by creating 'abnormalities' (such as the 'illiterate', the 'underdeveloped', the 'malnourished', 'small farmers', or 'landless peasants'), which it would later treat and reform.[35]

In einer Fortführung von Escobars Theorie über die kontinuierliche Neuerfassung von Problemen und Zielgruppen im Entwicklungsdiskurs, durch die jener sich selbst aufrecht erhält und legitimiert, ließe sich argumentieren, dass mit Beginn der 1980er Jahre auch Menschen mit „Behinderung/en" zu einer neuen Zielgruppe der Entwicklungsmaschinerie avanciert sind, deren Exklusion ein Problem darstellt, das durch Entwicklungsinterventionen behoben werden kann.

Die vermeintlichen Probleme werden jedoch vornehmlich in Form technischer Probleme erfasst, während ihre politische Dimension und ihre Verstrickung in globale Machtverhältnisse negiert werden. Aufgrund dieser

---

33 Ziai 2006, S. 40.
34 cf. Escobar 2012 [1995].
35 ibid., S. 41.

18

gleichzeitigen Technokratisierung und Depolitisierung von entwicklungpolitischem Handeln und Denken spricht der Anthropologe James Ferguson von Entwicklung als „Anti-Politik-Maschine"[36]. In seiner Analyse des Entwicklungsdiskurses der 1970er Jahre in und über Lesotho schlussfolgert er, dass ein Wissen, das Probleme als politisch und strukturell anstatt technisch und individualisiert begründet identifiziert, für die Entwicklungsindustrie nicht von Nutzen ist, da die Arbeit von Entwicklungsorganisationen nicht auf einen umfassenden Systemwandel abzielt. Er argumentiert, dass der Erfolg von Entwicklungsprojekten dementsprechend weniger in sozialer Transformation liegt, sondern vielmehr in einer Ausweitung bürokratischer Herrschaft.[37] Das Scheitern von „Entwicklung" bildet auf diese Weise eine Norm, die es ermöglicht, immer wieder neue Probleme zu identifizieren, die die Ursache des Scheiterns der vorangegangenen Entwicklungsinterventionen sind und in der Folge auch immer wieder neue Projekte zu kreieren.

> Again and again development projects in Lesotho are launched, and again and again they fail; but no matter how many times this happens there always seems to be someone ready to try again with yet another project. For the 'development' industry in Lesotho, 'failure' appears to be the norm.[38]

So können mitunter auch die Kritiken an der Durchführung von Entwicklungsprojekten und Vorschläge für eine bessere Praxis, die nicht auf die politische Dimension des Entwicklungsprojekts als Ganzes abzielen, häufig problemlos in den Entwicklungsdiskurs integriert werden.[39] Nach Fergusons Theorie von Entwicklung als Anti-Politik-Maschine reproduziert diese sich also über ihr Scheitern, das sich in einer Depolitisierung und sich beständig ausweitenden Bürokratisierung auswirkt, die gleichzeitig als Effekte und Voraussetzung für die Aufrechterhaltung einer spezifischen Form der Macht verstanden werden können.

---

36 Ferguson, James: *The Anti-Politics Machine. „Development", Depoliticization, and Bureaucratic Power in Lesotho*. University of Minnesota Press: Minneapolis 1997 [1990].
37 cf. ibid., S. 255.
38 ibid., S. 8.
39 cf. Kothari, Uma: „Authority and Expertise. The Professionalisation of International Development and the Ordering of Dissent". In: *Antipode* 37(3), 2005, S. 433.

Eine andere Verwendung der Maschinenmetapher, die sich von Fergu-sons gouvernementalitätstheoretischer Konzeption von Entwicklung als Anti-Politik-Maschine abgrenzt, entwickelt Pieter de Vries. Er argumentiert, dass der Entwicklungsapparat in Anlehnung an Deleuze und Lacan als „Wunschmaschine" verstanden werden kann, da Entwicklung ein Begehren nach einer anderen, vermeintlich besseren Welt generiert, das einen Bruch mit gegenwärtigen Zuständen verspricht. Laut de Vries beruht der Entwick-lungsapparat darauf, ein Begehren hervorzubringen, das gleichzeitig nicht eingelöst werden kann: „the idea of development relies on the production of desires, which it cannot fulfill".[40] Ähnlich wie Ferguson argumentiert er, dass die gleichzeitige Produktion von Begehren und das Scheitern an diesen Versprechen notwendig sind, um den Entwicklungsapparat aufrechtzuerhal-ten. […] development as a desiring machine operates through the generati-on, spurring and triggering of desires, and by subsequently doing away with them.[41] Auf diese Weise ist um den Gegenstand „Entwicklung" ein Apparat entstanden, der einerseits durch Technokratisierung und Depolitisierung ge-kennzeichnet ist und andererseits auf kolonialen Repräsentations- und Wis-sensregimen beruht und diese reproduziert. „Entwicklungsexpert_innen" sind dabei die Verkörperung dieser Machtasymmetrien *par exellence*.[42] Die Legitimation ihres Wissens beziehen sie weniger über den Umfang und die Form ihres Wissens, sondern vielmehr über ihre geopolitische Situiertheit und ihre identitäre Zugehörigkeit als *weiß* und westlich.

Der Entwicklungsapparat mitsamt seiner inhärenten gewaltvollen Praxen und Diskurse wird dabei durch das Hervorbringen eines Begehrens nach „Entwicklung" reproduziert, da er nicht nur trotz, sondern vielmehr wegen seines wiederholten Scheiterns, die Bedingungen seiner eigenen Notwen-digkeit beständig neu herstellt, wodurch die Machtwirkungen stabilisiert werden. Macht wirkt im Entwicklungsdiskurs dabei regulierend, diszipli-nierend, normalisierend und produktiv.

---

40 De Vries, Pieter: „Don't Compromise Your Desire for Development! A Lacanian/ Deleuzian Rethinking of the Anti-Politics Machine". In: *Third World Quarterly* 28(1), 2007, S. 30.
41 ibid., S. 32.
42 cf. Kothari 2005, S. 426.

Entwicklung verkörpern, Körper entwickeln

Ausgehend von diesen Überlegungen zu Entwicklung lässt sich die Frage stellen, was Körper und insbesondere der „behinderte" Körper damit zu tun haben. Tatsächlich erscheinen die Theorien klassischer Entwicklungsforschung weitgehend körperlos. Körper werden kaum als relevantes Thema kritischer Forschung wahrgenommen und werden sie dennoch thematisiert, dann häufig mit Referenz auf ihre vermeintliche Natürlichkeit. Diese Unsichtbarkeit findet sich auch in dominanten Entwicklungsdiskursen wieder. Auch hier spielt der Körper kaum eine Rolle, wird als apolitisch und ahistorisch gesetzt und die körperliche Dimension entwicklungspolitischen Handelns wird negiert. Die Komplexität der historischen, kulturellen und geopolitischen Situiertheit von Körpern wird sowohl in der klassischen Forschung als auch in Entwicklungspraxen nicht (ausreichend) berücksichtigt:

> The body plays an invisible and yet also contested role in development discourse, even if most people working in the field would ask what the body and even gender have to do with the 'hard-core issues' of trade, security and economics.[43]

Tatsächlich sind Körper aber seit jeher ein Teil von „Entwicklung". Sie sind ein wichtiges Handlungsfeld internationaler Politiken. Insbesondere entwicklungspolitische Interventionen haben auf sie abgezielt, sie unterdrückt und kontrolliert und sie gleichzeitig geformt und hervorgebracht. Körper werden dabei häufig als Problem adressiert: Sie sind „krank", „verstümmelt", „hungrig" oder schlicht weg „zu viele". Die Deutungshoheit über Körper, ihre Eigenschaften und die adäquaten (entwicklungs)politischen Maßnahmen sind dabei ein umkämpftes Terrain. Gleichzeitig sind Körper nicht statisch, sondern reisen und bewegen sich zwischen dem globalen Norden und dem globalen Süden in einem Raum, der von globalen Ungleichheiten geprägt ist. Sie sind Träger von Wissen und Macht, sie symbolisieren Positionalitäten und handeln diese aus. Sie sind sowohl Objekte als auch Subjekte von „Entwicklung".

---

43 Harcourt, Wendy: *Body Politics in Development*. Zed Books: London/ New York 2009, S. 25.

Im folgenden Kapitel soll deswegen der Frage nachgegangen werden, wie Körper in den Entwicklungsdiskurs kommen und welche Bedeutung sie für das Projekt „Entwicklung" spielen.

Theorie(n) vom Körper

Zunächst soll aber geklärt werden, was Körper überhaupt meint. In Anlehnung an Michel Foucault und Judith Butler verstehe ich den Körper als diskursiv und sozial konstruiert. Beide Autor_innen kritisieren die Vorstellung eines natürlichen und rein biologischen Körpers und setzen dieser Auffassung ein poststruktualistisches Konzept entgegen, das den Körper als durch gesellschaftliche Machtverhältnisse und diskursive Praktiken hervorgebracht betrachtet.

Für Michel Foucault ist der Körper in seiner Materialität ein Effekt des Macht-Wissens-Komplexes. Der Körper ist in diesem Verständnis von Macht durchzogen und durch spezifische Wahrheitsdiskurse produziert. Macht wirkt also nicht nur repressiv auf Körper, sondern auch produktiv, da sie Körper hervorbringt. Robert Gugutzer bezieht sich darauf folgendermaßen:

> Folgt man der Diskurstheorie Foucaults, dann ist der diskursive Körper der verkörperte Schnittpunkt von Wissen, Macht und Sprache. Der diskursive Körper ist der in und durch Diskurse konstruierte Körper, der historisch gewordene, in spezifische Macht-Wissen-Komplexe eingebettete Körper.[44]

Foucault arbeitet heraus, wie der Körper in der Moderne zu einer Zielscheibe neuer Machttechnologien geworden ist. Dabei unterscheidet Foucault zwischen zwei Typen der Macht, die gleichermaßen auf den Körper einwirken. Der erste Machttypus entwickelte sich seit dem 17. Jahrhundert und zielt darauf ab, den Körper zu disziplinieren. Der Körper wird hier zur Maschine, deren Fähigkeiten und Nützlichkeit gesteigert werden soll. Neben der Disziplinarmacht wirkt nach Foucault aber noch ein weiterer Typus der Macht auf Körper: die Biomacht oder Biopolitik. Diese wirkt jedoch nicht nur auf den einzelnen Körper, sondern auch auf die gesamte Bevölkerung. Diese beschreibt den Übergang von einer Macht,

---

44 Gugutzer, Robert: *Soziologie des Körpers*. Transcript: Bielefeld 2004: S. 76. [Hervorhebung im Original]

die vornehmlich über den Tod wirkte, zu einer Macht zum Leben. „Man könnte sagen, das alte Recht, sterben zu *machen* oder leben zu *lassen*, wurde abgelöst von einer Macht, leben zu *machen* oder in den Tod zu *stoßen*".[45] Die Biomacht zielt demnach auf die Regulierung und Verwaltung von Leben ab.

> Die Fortpflanzung, die Geburten- und Sterblichkeitsrate, das Gesundheitsniveau, die Lebensdauer, die Langlebigkeit mit allen ihren Variationsbedingungen wurden zum Gegenstand eingreifender Maßnahmen und regulierender Kontrollen: Bio-Politik der Bevölkerung.[46]

Auch Judith Butler teilt das Verständnis des Körpers als etwas durch diskursive Praktiken Hervorgebrachtes. Mehr noch als Foucault interessiert es Butler dabei jedoch, wie der vergeschlechtlichte Körper hervorgebracht wird. Zentral für ihre Argumentation ist dabei ihre Dekonstruktion der Trennung von „biologischem Geschlecht" (*Sex*) und „sozialem Geschlecht" (*Gender*). Diese Trennung beruht laut Butler auf einem dualistischen Verständnis von Natur und Kultur, in der das biologische Geschlecht als natürliche Tatsache gedacht wird, während das soziale Geschlecht die kulturelle Überformung darstellen soll. Diese Konzeption von *sex* und *gender* beruht demnach auf einer essentialistischen Annahme. Butler argumentiert stattdessen, dass auch das vermeintlich natürliche Geschlecht kulturell hervorgebracht wird.[47] Butler beschreibt somit sowohl Körperlichkeit als auch Geschlechtsidentität als soziale Konstruktion.

In einem weiteren Schritt entlarvt Butler die kulturelle Ordnung, die jene Vorstellungen von *sex* und *gender* hervorbringt, als heterosexuelle Matrix. In der kulturellen Ordnung der heterosexuellen Matrix existieren nur zwei klar von einander unterscheidbare biologische Geschlechter, die wiederum in hierarchisch angeordneten sozialen Geschlechtsidentitäten münden und in einem Verhältnis gegenseitigen, heterosexuellen Begehrens organisiert sind. Körper, Geschlecht und Begehren werden auf diese Art und Weise naturalisiert. Butler argumentiert, dass nur Subjekte, die

---

45 Foucault, Michel: *Der Wille zum Wissen. Sexualität und Wahrheit 1.* Suhrkamp: Frankfurt a. M. 1977, S. 134. [Hervorhebung im Original]
46 ibid., S. 135.
47 cf. Butler, Judith: *Das Unbehagen der Geschlechter.* Suhrkamp: Frankfurt a. M. 1991, S. 24.

innerhalb dieses kulturellen Rasters der heterosexuellen Matrix verortet werden können, intelligibel – also gesellschaftlich erkenn- und lesbar sind.

> Die kulturelle Matrix, durch die die geschlechtlich bestimmte Identität (*gender identity*) intelligibel wird, schließt die ‚Existenz' bestimmter ‚Identitäten' aus, nämlich genau jene, in denen sich die Geschlechtsidentität (*gender*) nicht vom anatomischen Geschlecht (*sex*) herleitet und in denen die Praktiken des Begehrens weder aus dem Geschlecht noch aus der Geschlechtsidentität ‚folgen'.[48]

Diese Konzeption von Geschlechtlichkeit und Körper hat Butler vor allem in der deutschsprachigen Rezeption den Vorwurf eingebracht, den Körper im Diskurs aufzulösen und damit gleichermaßen das Subjekt des Feminismus zu entkörpern.[49] Entgegen dieser Vorwürfe geht es Butler jedoch nicht darum, die Materialität des Körpers zu negieren, sondern vielmehr darum zu fragen, wie auch diese Materialität ein Effekt von Diskursen ist.

> Die Behauptung, jener Diskurs sei formierend, ist nicht gleichbedeutend mit der Behauptung, er erschaffe, verursache oder mache erschöpfend aus, was er einräumt; wohl aber wird damit behauptet, daß es keine Bezugnahme auf einen reinen Körper gibt, die nicht zugleich eine weitere Formierung dieses Körpers wäre.[50]

In Referenz auf John L. Austins Sprechakttheorie gibt es für Butler nichts, was außerhalb sprachlicher Bezeichnungspraxen und Zeichensysteme existiert. Sprache ist demnach kein bloßes Abbild der Realität, sondern konstituiert diese. Die Konstruktion von Körperlichkeit und Geschlecht ist jedoch kein einzelner und absichtsvoller Akt, sondern muss laufend wiederholt und zitiert werden, wodurch der Diskurs das hervorbringt, was er benennt. Diese wiederholende und zitierende Praxis, die sich innerhalb spezifischer diskursiver Regeln vollzieht, bezeichnet Butler als „Performativität". Materialität ist für sie daher ein Effekt dieser Performativität. Butler schlägt deshalb vor, die Konstruktion von Geschlecht als einen

> Prozess der Materialisierung [zu verstehen], der im Laufe der Zeit stabil wird, so daß sich die Wirkung von Begrenzung, Festigkeit und Oberfläche herstellt, den wir Materie nennen. […] Materie [ist] immer etwas zu Materie gewordenes.[51]

---

48 ibid., S. 38-39. [Hervorhebung im Original]
49 cf. Duden, Barbara: „Die Frau ohne Unterleib. Zu Judith Butlers Entkörperung. Ein Zeitdokument". In: *Feministische Studien* 11(2), 1993, S. 24-33.
50 Butler, Judith: Körper von Gewicht. Die diskursiven Grenzen des Geschlechts. Berlin Verlag: Berlin 1995, S. 33.
51 ibid., S. 31.

Sowohl Butler als auch Foucault kann jedoch in ihrer Theoretisierung des Körpers eine Zentrierung des westlichen Verständnisses des Körpers vorgeworfen werden. Beide vernachlässigen es, zu diskutieren, inwiefern Körper keine universelle Kategorie ist und auch die Hierarchisierung von Körpern entlang vermeintlich natürlicher Merkmale ein westliches Konstrukt ist. So weist beispielsweise Oyèrónké Oyěwùmí darauf hin, dass „Geschlecht" keine universelle Strukturkategorie ist. In ihrer Analyse vorkolonialer Yorùbà-Gesellschaften argumentiert sie, dass Seniorität das zentrale Organisationsprinzip war, und dieses im Gegensatz zur Kategorie Geschlecht nicht auf einem biologischen Determinismus beruht, sondern relational und dynamisch sei, da es sich in jeder Kontaktsituation neu herstellen muss.[52] Das biologische Geschlecht *Sex* war Oyěwùmís Thesen zufolge mit keiner sozialen Bedeutung versehen:

> [...] gender was not an organizing principle in Yorùbá society prior to the colonization by the West. The social categories 'men' and 'women' were nonexistent, and hence no gender system was in place.[53]

Ausgehend von dieser These formuliert die Autorin eine Zentrismuskritik an westlichen Gender Studies und arbeitet heraus, dass die Interpretation außereuropäischer Gesellschaften mithilfe dieses Referenzrahmens ein Ausdruck westlicher Hegemonie ist.[54] Die Bedeutung, die Körpern zugeschrieben wird, ist also immer geprägt von kulturellen und gesellschaftlichen Kontexten. Diese Kritik gilt es in der Analyse von Körpern im Entwicklungsdiskurs zu beachten.

Entwicklungswissen als Körperwissen

Analysen, die mit einem solchen konstruktivistischen Verständnis von Körper arbeiten, lassen sich vor allem im Rahmen feministischer, queerer und postkolonialer Entwicklungsforschung finden. Diese Forschungsperspektive fragt einerseits nach den, dem Entwicklungsdiskurs inhärenten, Körperpolitiken und arbeiten heraus, wie Macht innerhalb des Entwicklungsdiskurses

---

52 cf. Oyěwùmí, Oyèrónké: *The Invention of Women. Making an African Sense of Western Gender Discourses*. University of Minnesota Press: Minneapolis/ London: 1997, S. 14.

53 ibid., S. 31.

54 cf. ibid., S. 16.

auf Körper einwirkt und wie Körper durch Entwicklungsinterventionen kontrolliert und reglementiert werden.[55] Andererseits fragt sie nach Formen der Verkörperung globaler Ungleichheit, der Handlungsmacht von Körpern, Körpererfahrungen und Körperpraxen im Entwicklungskontext und begreift den Körper dabei als Grenzmarker, über den Identifikations- und Abgrenzungsprozesse ausgehandelt werden.[56]

So unterschiedlich die Forschungsfragen und –interessen der einzelnen Untersuchungen sind, so scheinen sich die Autor_innen doch darüber einig zu sein, dass „Entwicklung" immer auch mit spezifischen Formen der Produktion und Regierung von Körpern einhergeht und Wissen über „Entwicklung" immer auch mit Wissen über Körper verknüpft ist.[57] Das entwicklungspolitische Feld konstituiert also immer auch ein Feld von Körperpolitiken, in dem bestimmte Körper hervorgebracht, verhandelt und normiert werden.

Auffallend an den vorgestellten Theoretisierungen von Körpern im Entwicklungsdiskurs ist, dass Körper vor allem im Zusammenhang mit den Kategorien „Rasse", Geschlecht und Sexualität diskutiert werden. Die Rolle von „(Nicht-)Behinderung" im Entwicklungsdiskurs stellt in diesem Zusammenhang eine Forschungslücke dar, der bislang wenig bis keine Beachtung geschenkt wurde, weshalb der *Disability-Studies*-Theoretiker und Entwicklungsforscher Shaun Grech von einem „virtual abandonment of disability issues in development studies"[58] spricht. Während „Rasse", Geschlecht und Sexualität im Entwicklungsdiskurs dekonstruiert werden, überlässt die kritische Entwicklungsforschung „Behinderung" bislang der medizinischen Deutungshoheit. Eine feministische, queere, postkoloniale Kritik an der Art

---

55 cf. Harcourt 2009; Cornwall, Andrea/ Corrêa, Sonia/ Jolly, Susie (Hrsg.): *Development with a Body. Sexuality, Human Rights & Development*. Zed Books: London/ New York 2008.

56 cf. Fechter, Anne-Meike: *Transnational Lives. Expatriates in Indonesia*. Ashgate: Aldershot/ Burlington 2007; Hacker, Hanna: *Queer Entwickeln. Feministische und postkoloniale Analysen*. Mandelbaum: Wien 2012.

57 cf. Hacker 2012, S. 80-81.

58 Grech, Shaun: „Disability and the Majority World: A Neocolonial Approach". In: Goodley, Dan/ Hughes, Bill/ Davis, Lennard (Hrsg.): *Disability and Social Theory. New Developments and Directions*. Palgrave Macmillan: Basingstoke/ New York 2012, S. 59.

und Weise wie „Behinderung" (und „Nicht-Behinderung") innerhalb des Entwicklungsdiskurses hervorgebracht wird, steht bislang noch aus.

Wenn aber die Aufgaben einer, sich als kritisch verstehenden, Entwicklungsforschung darin liegen, Entwicklungswissen herauszufordern und die darunter liegenden eurozentrischen Diskurse mitsamt ihrer Binaritäten zu dekonstruieren, sowie den Blick auf die Verschränkung globaler Machtverhältnisse und fortwährende Prozesse der De- und Rekolonisierung zu werfen und dabei die, dem Entwicklungsdiskurs inhärenten, Normen zu kritisieren, ist eine solche Auseinandersetzung mit der Art und Weise wie „Behinderung" und „Nicht-Behinderung" im Entwicklungsdiskurs eingeschrieben sind, dringend von Nöten.

Einen Anfangspunkt für eine solche Auseinandersetzung könnte die 2011 erschienene Schwerpunktausgabe „Disability in the Global South" des Journals Third World Quarterly markieren. Die Autor_innen dieser Ausgabe eröffnen durch die Verbindung von feministischen und postkolonialen Entwicklungskritiken mit Konzepten der *Disability Studies* ein neues Feld, in dem eine kritische Auseinandersetzung mit „(Nicht-)Behinderung" im Entwicklungsdiskurs möglich wird. Eine kohärente theoretische Verbindung von Entwicklungskritik und *Disability Studies* steht jedoch weiterhin aus. Das folgende Kapitel soll deshalb dazu dienen, zunächst einen Überblick über die wichtigsten Konzepte der *Disability Studies* zu geben, um dann in einem zweiten Schritt nach möglichen Verbindungslinien zwischen kritischer Entwicklungsforschung und *Disability Studies* zu fragen und so zu einer produktiven „Behinderung" von Entwicklungsforschung beizutragen. Ausständig bleibt dabei eine Analyse von Körperkonzeptionen und Ableismus in den „Klassikern" der Entwicklungstheorie und ihrer Modelle.

Was sind Disability Studies?

„Behinderung" wird häufig als permanente und schwerwiegende Beeinträchtigung der geistigen und körperlichen Fähigkeiten von Menschen dargestellt. Dies wird dabei oft als persönliche Tragödie aufgefasst, in deren Mittelpunkt das Leiden der individuellen Person steht. Auch populäre Medien fördern diese Bilder. Hier changieren die Darstellungen von Menschen mit „Behinderung" zwischen „Held_innen" und „Superkrüppeln" einerseits, die besonders tapfer sind, da sie ihr Leben *trotz* ihrer „Behinderung" meistern und durch ihre Leistungen ihre „Behinderung" überwinden, und

27

jenen „Opfern" und „Sorgenkindern" andererseits, die aufgrund ihres tragischen Schicksals besonders zu bemitleiden sind und deshalb in besonderem Maße auf Hilfe und Wohltätigkeit angewiesen sind.

In diesen Darstellungen wird „Behinderung" als individuelles Defizit beschrieben, das mit „Krankheit" und „Unfähigkeit" gleichgesetzt wird und Menschen mit „Behinderung" werden gegenüber vermeintlich normal-fähigen und nicht-behinderten Menschen abgewertet. „Behinderung" markiert in diesen Darstellungen eine Abweichung von der Norm – etwas „Unnormales" und zugleich Krankhaftes.

> Wird das Phänomen Behinderung thematisiert, tauchen unweigerlich – faktisch oder im Geiste – ‚unnormale', seltsam geformte, sich auffällig bewegende, sich merkwürdig artikulierende Körper auf, in anderen Worten: Menschen, denen man das Anderssein, die Zugehörigkeit zu ‚den Behinderten' gleichsam auf den ersten Blick anzusehen meint.[59]

Disability Studies haben sich unter anderem zur Aufgabe gesetzt, einem solchen Alltagsverständnis von „Behinderung" entgegenzutreten und zu einem Neudenken von „Behinderung" aufzurufen.

Die *Disability Studies* sind ein relativ junges Forschungsfeld, das sich, ausgehend von Impulsen der Behindertenbewegungen[60] ab den 1980er Jahren, vor allem im angelsächsischen Sprachraum entwickelt hat. Geopolitisch verorten sich die *Disability Studies* in dieser Meister_innenerzählung zu ihrer Entstehungsgeschichte mit Fokus auf die USA und Großbritannien und somit im globalen Norden.[61] Im deutschsprachigen Raum hat sich das

---

59 Waldschmidt, Anne: „Warum und wozu brauchen die Disability Studies die Disability History? Programmatische Überlegungen". In: Bösl, Elsbeth/ Klein, Anne/ Waldschmidt, Anne (Hrsg.): *Disability History. Konstruktionen von Behinderung in der Geschichte. Eine Einführung*. Transcript: Bielefeld 2010, S. 14.

60 Behindertenbewegungen sind soziale Bewegungen, die ihren Ursprung in den späten 1960er Jahren haben. Die verschiedenen Bewegungen vertreten unterschiedliche Positionen, ein zentrales Thema ist aber die Emanzipation von Menschen mit „Behinderung/en". Aktivist_innen der Behindertenbewegung setzen sich für die rechtliche Anerkennung und Gleichstellung von Menschen mit „Behinderung" und deren Selbstbestimmung, gegen Diskriminierungen, Aussonderungen und Exklusion sowie spezifische Gewalterfahrungen ein.

61 Zur Dominanz des globalen Nordens in der Wissensproduktion der Disability Studies siehe den Abschnitt „Postkoloniale Theorien und Disability Studies: ‚Behinderung' dekolonisieren" in diesem Buch.

interdisziplinäre Forschungsfeld im akademisch institutionalisierten Raum erst seit Anfang der 2000er Jahre etabliert[62] und wird auch hier üblicherweise als *Disability Studies* bezeichnet. Mittlerweile haben die *Disability Studies* eine internationale Infrastruktur errichtet mit Fachzeitschriften, internationalen Konferenzen und Tagungen, Fachgesellschaften, sowie Studiengängen an verschiedenen Universitäten im globalen Norden und im globalen Süden aufgebaut.[63]

Ein früher Versuch zu bestimmen was *Disability Studies* (nicht) sind, stammt von Simi Linton, die zwischen *Disability Studies* und angewandten, beziehungsweise interventionsorientierten, Wissenschaftsfeldern wie Medizin, Heil- und Sonderpädagogik, Soziale Arbeit, Psychologie oder Rehabilitationswissenschaften unterscheidet, die sie als *Not Disability Studies* bezeichnet. Während *Disability Studies* „Behinderung" als soziales, politisches und kulturelles Phänomen betrachten, sind *Not Disability Studies* nach Linton unter anderem gekennzeichnet durch die Individualisierung von „Behinderung", dem Verständnis von „Behinderung" als Problem, die Abwesenheit von Subjektivität und Handlungsmacht von Menschen mit „Behinderung", deren Objektivierung, dem Fokus auf Intervention auf der individuellen Ebene, essentialistische und deterministische Definitionen von „Behinderung", die Medikalisierung von „Behinderung" und die damit einhergehende Pathologisierung von Differenz, sowie fehlende Berücksichtigung der Forderungen und Anliegen von Behindertenbewegungen.[64]

Der Rehabilitationswissenschaftler Markus Dederich konstatiert den *Not Disability Studies* darüber hinaus eine Beobachter_innenperspektive, während die *Disability Studies* vielmehr eine Betroffenenperspektive einnehmen.[65] Damit sind die Disziplinen der *Not Disability Studies* nicht nur ein Abbild gesellschaftlicher Verhältnisse, die „Behinderung" als Abweichung

---

62 cf. Waldschmidt, Anne: „Disability Studies: Individuelles, soziales und/ oder kulturelles Modell von Behinderung?". In: *Psychologie und Gesundheit* 29(1), 2005, S. 10-11.

63 cf. Waldschmidt 2005, S. 10.

64 cf. Linton, Simi: „Disability Studies/ Not Disability Studies". In: *Disability & Society* 13(4), 1998a, S. 526-527.

65 cf. Dederich, Markus: „Behinderung, Norm, Differenz – Die Perspektiven der Disability Studies". In: Kessl, Fabian/ Plößer, Melanie (Hrsg.): *Differenzierung,*

und Defizit verstehen, sondern leisten selber einen ernstzunehmenden Beitrag zu der Produktion von „Behinderung" als Problem.

Auch wenn fünfzehn Jahre nach dieser Feststellung von Simi Linton gesagt werden kann, dass es durchaus in einigen Bereichen zu einer Annäherung[66] der angewandten Wissenschaften und ihrer Handlungsfelder an Konzepte der *Disability Studies* und Forderungen der internationalen Behindertenbewegungen gekommen ist, bestimmen pathologisierende Definitionen nach wie vor den öffentlichen und wissenschaftlichen Diskurs über „Behinderung", während die Perspektiven der *Disability Studies* innerhalb dieser Disziplinen weitestgehend marginalisiert bleiben und diese daher eher parallel zueinander verlaufen.[64] Einige der Disziplinen der *Not Disability Studies*, wie beispielsweise die Sonder- und Heilpädagogik, können sich überhaupt erst über die Unterscheidung zwischen „Behinderung" und „Nicht-Behinderung" konstituieren. Das Ziel der angewandten Wissenschaften ist nach wie vor eine Normalisierung von Menschen mit „Behinderung", deren Anpassung an die gesellschaftlichen Normen durch medizinische, rehabilitative und pädagogische Maßnahmen, sowie die Inklusion in „Exklusionsbereiche" wie Sonderschulen, Werkstätten und Wohnheime.[67] Deshalb hat die analytische Trennung in *Disability Studies* und *Not Disability Studies* ihre Gültigkeit bislang nicht verloren, wenngleich innerhalb der *Disability Studies* die Hoffnung besteht, auf die interventionsorientierten Disziplinen Einfluss zu nehmen und diese zu einem tiefergehenden Umdenken anzuregen.[68]

Im Gegensatz zu den angewandten Forschungsrichtungen beschäftigen sich die *Disability Studies* also nicht mit der Diagnose und Behandlung von „Behinderung", sondern sie verstehen „Behinderung" vielmehr als sozial

---

Normalisierung, Andersheit. Soziale Arbeit als Arbeit mit den Anderen. VS Verlag für Sozialwissenschaften: Wiesbaden 2010, S. 180.

66 Dies betrifft in erster Linie die zunehmende gesetzliche Verpflichtung zum Abbau von (vor allem baulichen) Barrieren in öffentlichen Einrichtungen und zur Beschäftigung von Menschen mit „Behinderung/en" in Unternehmen, sowie der vereinzelten Verankerung von Lehrveranstaltungen aus dem Feld der *Disability Studies* in den Studienplänen der Bildungswissenschaften und sSozialen Arbeit an akademischen Institutionen im globalen Norden.

67 cf. Dederich 2010, S. 181-182.

68 cf. ibid., S. 182.

hervorgebracht und untersuchen „Behinderung" im Zusammenspiel mit Gesellschaft, Politik und Kultur. „Behinderung" wird in den *Disability Studies* als analytische Kategorie eingesetzt, von der ausgehend Gesellschaft untersucht werden kann:

> Denn Disability Studies zu betreiben meint nicht, einer neuen Art von ‚Behindertenforschung' oder ‚Behindertenwissenschaft' nachzugehen, auch wenn der englische Begriff manchmal so ins Deutsche übersetzt wird. Vielmehr geht es um ‚Studien über oder zu Behinderung'. Mit anderen Worten, der Gegenstand der Disability Studies ist nicht ‚der Behinderte', sondern die Kategorie ‚Behinderung'.[69]

Diese Setzung von „Behinderung" als Analysekategorie ermöglicht es, sich aus der Perspektive der *Disability Studies* kritisch mit der Produktion von „Behinderung" und „Nicht-Behinderung" auseinanderzusetzen. *Disability Studies* fragen also nach den historischen, sozialen, politischen und kulturellen Bedingungen und Praktiken, die „Behinderung" als Differenzkategorie hervorbringen, analysieren deren Auswirkungen für Menschen mit „Behinderung" und suchen davon ausgehend nach Möglichkeiten der Intervention und Subversion. Ein Ziel der *Disability Studies* ist also auf den Konstruktionscharakter von „Behinderung" hinzuweisen und diese gleichsam zu entnaturalisieren. Hier spielt vor allem die Auseinandersetzung mit der Bedeutung von gesellschaftlichen Normen und Normalisierungsprozessen eine entscheidende Rolle. Gleichzeitig geht es aber auch darum, die Wirkmächtigkeit der Konstruktion von „Behinderung" im Sinne einer Abweichung von der Norm nicht zu negieren, sondern insbesondere damit verbundene gesellschaftliche Strukturen und Praktiken zu analysieren. „Nicht-Behinderung" oder „Befähigung" wird gegenüber „Behinderung" aufgewertet und zum zentralen Differenzmerkmal erklärt. Zur Bezeichnung dieses gesellschaftlichen Machtverhältnisses, in dem „Nicht-Behinderung" als gesellschaftliche Norm fungiert, wurde innerhalb der *Disability Studies* und der Behindertenbewegung in Anlehnung an andere ideologische Formationen wie Rassismus und Sexismus der Begriff „Ableismus" (im Englischen *ableism*) geprägt. Ableismus beschreibt demnach ein Machtverhältnis, dass

---

69 Waldschmidt, Anne: „‚Behinderung' neu denken: Kulturwissenschaftliche Perspektiven der Disability Studies. In: ibid. (Hrsg.): *Kulturwissenschaftliche Perspektiven der Disability Studies. Tagungsdokumentation.* Bifos-Schriftenreihe: Kassel 2003, S. 12.

sich fortlaufend auf Normativität bezieht und den „gesunden", „fähigen" und „nicht-behinderten" Körper als Maßstab setzt. In den Worten von Fiona Kumari Campbell:

> A network of beliefs, processes and practices that produces a particular kind of self and body (the corporeal standard) that is projected as the perfect, species-typical and therefore essential and fully human. Disability then, is cast as a diminished state of being human.[70]

„Behinderung" als Zuschreibung markiert in diesem Sinne eine marginalisierte gesellschaftliche Position und die Differenzierung „Behinderung" und „Nicht-Behinderung" ist mit dem unterschiedlichen Zugang zu Ressourcen und Wissen sowie Mechanismen der Privilegierung und Diskriminierung verbunden.[71] Der Zuschreibungsprozess ist dabei keinesfalls kohärent, sondern Menschen werden aufgrund angenommener oder tatsächlicher Unterschiede und einer Fülle von psychischen und physischen Merkmalen der Kategorie „Behinderung" zugeordnet. „Behinderung" ist daher keine eindeutige Kategorie. Anne Waldschmidt argumentiert, dass es den unterschiedlichen Merkmalen, aufgrund derer Menschen als „behindert" benannt werden, gemein ist, dass sie sich über den Körper ausdrücken und über diesen wahrgenommen werden. Dies gilt ihrer Ansicht nach auch für sogenannte „psychische" oder „geistige Behinderungen", die ebenfalls anhand von spezifischen, von der Norm abweichenden, Körperpraktiken und –morphologien identifiziert werden. Sie spricht daher von „Behinderung" als „verkörperter Differenz".[72][73]

Von dieser Perspektive ausgehend ergeben sich vielfältige Forschungsfragen, methodische Herangehensweisen und Möglichkeiten interdisziplinärer Verbindungen. Innerhalb der *Disability Studies* selber wird zwischen

---

70 Campbell 2001 zit. nach Campbell, Fiona Kumari: *Contours of Ableism. The Production of Disability and Abledness.* Palgrave Macmillan: Basingstoke/ New York 2009, S. 5.
71 cf. Dederich 2010, S. 176.
72 cf. Waldschmidt 2010, S. 14-15.
73 Dieser Ansatz bietet zwar die Möglichkeit einige Formen kognitiver „Behinderungen" mitzuerfassen, er kann die Kritik der Körperzentriertheit der Disability Studies aber nicht komplett auflösen, da nicht sichtbare oder temporär auftretende „Behinderungen" weiterhin aus dem Ansatz der verkörperten Differenz ausgeblendet bleiben.

verschiedenen Konzeptionalisierungen der Kategorie „Behinderung" unterschieden. Diese Konzeptionalisierungen werden häufig gebündelt als „Modelle" gefasst, die sich vor allem anhand ihrer Problemorientierung, ihrer Konzeption des Verhältnisses zwischen „Behinderung" und Körper, sowie anhand der Rolle, die sie der Gesellschaft und der sozialen Einbettung von „Behinderung" beimessen, unterscheiden. In Anlehnung an Anne Waldschmidt möchte ich im Folgenden zwischen drei Modellen von „Behinderung" unterscheiden: Dem individuellen Modell, dem sozialen Modell und dem kulturellen Modell.[74] Wichtig ist allerdings zu betonen, dass auch innerhalb der drei Modelle kein einheitliches Verständnis von „Behinderung" vorherrscht und Forschungsarbeiten, die die einzelnen Modelle als Grundlage verwenden, diese unterschiedlich auslegen und sehr vielfältige Forschungs- und Theorieansätze mit den Modellen verbinden.

Die *Disability Studies* waren aber von Beginn an nicht nur mit der Produktion von Theorien und akademischem Wissen beschäftigt, sondern haben sich selbst immer auch als politisches Projekt verortet.[75] Das liegt vor allem an der Rolle von Akademiker_innen mit „Behinderung" in der Entwicklung und Etablierung der *Disability Studies*. Menschen mit „Behinderung", die in anderen, interventionsorientierten Wissenschaftsdisziplinen häufig nur Objekte der Forschung waren und sind, werden hier selbst als Forscher_innen zu Subjekten der Wissensproduktion und wichtigen Akteur_innen der *Disability Studies*. Die Kritik an der Objektivierung von Menschen mit „Behinderung" kam nicht nur aus den *Disability Studies,* sondern spielte auch innerhalb der Behindertenbewegung eine wichtige Rolle. „Damit wird die Definitions- und Gestaltungsmacht der interventionsorientierten Disziplinen radikal in Frage gestellt."[76] So wie *Disability Studies* in ihrer Entstehungsgeschichte die Bedeutung der emanzipatorischen Behindertenbewegungen betonen, gab und gibt es innerhalb des Forschungsfeldes neben der zentralen Rolle von Wissenschaftler_innen mit „Behinderung" immer auch einen regen Austausch zwischen Aktivist_innen und Wissenschaftler_innen. Dieser Austausch verläuft nicht ohne Spannungen, da wissenschaftliche Arbeiten von Aktivist_innen oft aufgrund

---

74 cf. Waldschmidt 2005.
75 cf. Priestly 2003, S. 31.
76 Dederich 2010, S. 182.

ihrer theoretischen und sprachlichen Komplexität als unzugänglich kritisiert werden.[77] In diesem Sinne haben Fragen der Wissenschaftskritik innerhalb der Behindertenbewegungen selbst und in den *Disability Studies* immer eine zentrale Rolle gespielt.[78]

Der klinische Blick der Not Disability Studies – das individuelle Modell von „Behinderung"

Um zu verstehen, welche Verständnisse von „Behinderung" innerhalb der *Disability Studies* propagiert werden, erscheint es zunächst notwendig, sich dem Konzept von „Behinderung" zuzuwenden, das innerhalb der *Not Disability Studies* vorherrscht, und dessen historische Gewordenheit zu beleuchten. Dieses Verständnis von „Behinderung" wird innerhalb der *Disability Studies* als „individuelles Modell" oder seltener auch „medizinisches Modell" bezeichnet. Es bildet zugleich den gemeinsamen Ausgangspunkt und die Kontrastfolie der *Disability Studies*, die sich durch die Kritik des individuellen Modells von medizinisch geprägten Verständnissen abgrenzen und sich als eigenständige Forschungsrichtung formatieren.

Aus der Perspektive des medizinischen oder individuellen Modells wird „Behinderung" isoliert von gesellschaftlichen Verhältnissen betrachtet. Die soziale Benachteiligung, die Menschen mit „Behinderung" erfahren, wird als individuelles Problem verstanden, das in kausalem Zusammenhang mit einem „defekten", „krankhaften", „behinderten" Körper steht, der in dieser Sichtweise als natürlicher Wahrheitsreferent dient. „Behinderung" meint hier also eine körperliche Schädigung, die mit einer funktionalen Beeinträchtigung einhergeht. Dieser Begriff der „Behinderung" wird in medizinisch-individuellen Ansätzen als universell – also unabhängig von Zeit und geopolitischem Ort – gesetzt. Menschen mit „Behinderung/en" werden in diesem Verständnis aufgrund eines individuellen Defizits als „nicht normal fähig" konzipiert, daher liegt die Lösung des Problems aus Sicht des individuellen Modells in der Rehabilitation durch medizinisch-therapeutische Behandlung der vermeintlichen Schädigung, Prothesen und Implantate sowie

---

77 cf. Corker, Marian/ Shakespeare, Tom: „Mapping the Terrain". In: ibid. (Hrsg.): *Disability/ Postmodernity. Embodying disability theory.* Continuum: London/ New York 2002, S. 14.
78 cf. Waldschmidt 2005, S. 11.

weitere assistierende Technologien, um Menschen mit „Behinderung" so weit wie möglich an die „nicht-behinderte" Ordnung anzupassen.[79]

Das Rehabilitationsparadigma beruht also zunächst auf der Pathologisierung von als „behindert" markierten Körpern. Das individuelle Modell geht dabei von einem natürlichen Körper aus, der als Wahrheitsreferent herangezogen wird. Das Wissen, welche Körper als „behindert" gelten, beruht auf der medizinischen Definitionsmacht, über die nur „Expert_innen" wie Ärzt_innen und Wissenschaftler_innen verfügen. Durch den „klinischen Blick"[80] dieser Expert_innen wird eine spezifische medizinische Wahrheit über Körper produziert und „Behinderung" als solche erst benannt und hervorgebracht:

> For during the past two centuries, in particular, a vast apparatus, erected to secure the well-being of the general population, has caused the contemporary disabled subject to emerge into discourse and social existence.[81]

Menschen mit „Behinderung" sind in dieser Konzeption keine Expert_innen in ihrer eigenen Sache, sondern vielmehr die zu prüfenden Objekte dieses Wissens und werden durch das Rehabilitationsparadigma auf den Empfang von Sozialleistungen verwiesen.[82]

Aus der Perspektive der *Disability Studies* werden der „klinische Blick" und das individuelle Modell heftig kritisiert. Ein zentraler Aspekt der Problematisierung des individuellen Modells spielt dabei die inhärente Vorstellung eines „normalen" Körpers, von dem der „behinderte" Körper abweicht. Der *Disability Studies* Theoretiker Lennard J. Davis betont: „[...] the 'problem' is not the person with disabilities; the problem is the way that normalcy is constructed to create the 'problem' of the disabled

---

79 cf. Priestly 2003, S. 25; Waldschmidt, Anne: „Macht – Wissen – Körper. Anschlüsse an Michel Foucault in den Disability Studies". In: Waldschmidt, Anne/ Schneider, Werner (Hrsg.): *Disability Studies, Kultursoziologie und Soziologie der Behinderung*. Transcript: Bielefeld 2007, S. 68.

80 Foucault, Michel: *Die Geburt der Klinik. Eine Archäologie des ärztlichen Blicks*. Carl Hanser Verlag: München 1973b.

81 Tremain, Shelly: „Foucault, Governmentality, and Critical Disability Theory: An Introduction". In: ibid (Hrsg.): *Foucault and the Government of Disability*. The University of Michigan Press: Ann Arbor 2005, S. 5.

82 cf. Waldschmidt 2005, S. 17.

person".[83] Im Anschluss an Michel Foucault verortet er das Aufkommen der Idee der „Norm" für den europäischen Kontext in der Mitte des 19. Jahrhunderts und der ideologischen Formation der bürgerlichen Moderne. Gemeinsam ist den hier vorgestellten Abhandlungen zur historischen Konstruktion von Norm und Normalität, dass sie sich jedoch nur in unzureichender Weise mit dem geopolitischen Ort dieser Wissensproduktion und mit der Bedeutung von Kolonialismus und Imperialismus für die Herausbildung einer normierten Identität auseinandersetzen. Davis beschreibt, dass die soziale Zuschreibung von „Behinderung" im Zuge der Industrialisierung erstmals wirksam wurde und in enger Verbindung mit Diskursen und Praktiken rund um Vorstellungen von Nationalität, „Rasse", Geschlecht, Kriminalität und sexueller Identität stand.[84] In seiner Abhandlung zur Konstruktion von Normalität legt er ein besonderes Augenmerk auf die zunehmende quantitative Vermessung von Eigenschaften im Zuge der wissenschaftlichen Erfassung des Körpers. Für das Konzept der Norm spielt seiner Meinung nach die Lehre der Statistik und vor allem die statistische Normalität eine wichtige Rolle. Insbesondere die Gauß'sche Glockenkurve, die die Normalverteilung spezifischer (körperlicher) Eigenschaften in einer Bevölkerung beschreibt, wurde laut Davis zum Symbol der „Tyrannei der Norm".[85] Anders als die Vorstellung von einem Ideal, das zwar von der Gesamtheit einer Bevölkerung angestrebt werden soll, jedoch nie tatsächlich erreicht werden kann, impliziert das Konzept der Norm, dass die Mehrheit der Bevölkerung dieser normierten Identität entspricht oder sich an diese anpassen soll und macht Abweichungen von der Norm dadurch sanktionierbar. Das Konzept der Norm ist also eng verbunden mit dem Konzept der Abweichung – sie bedingen sich und verweisen auf einander. Der vermeintlich normale Körper verweist somit immer auch auf den „abweichenden", „nicht-normalen" Körper.

---

83 Davis, Lennard J.: „Constructing Normalcy. The Bell Curve, the Novel, and the Invention of the Disabled Body in the Nineteenth Century". In: ibid. (Hrsg.): *The Disability Studies Reader*. Routledge: London/ New York 1997, S. 9.
84 cf. Davis 1997, S. 9-10.
85 cf. ibid., S. 13.

Denn jene soziale Gruppe, Institution oder Gesellschaft, der es gelingt, eine bestimmte Vorstellung vom Körper, ein bestimmtes Wissen oder Interpretationsmuster vom Körper als normal, üblich, natürlich oder wünschenswert durchzusetzen, besitzt (Definitions-)Macht. Diese Macht besteht immer auch darin, das Andere, Nicht-Normale, Nicht-Natürliche etc. auszugrenzen.[86]

„Behinderung" stellt also in diesem Sinne eine Abweichung von der Norm dar und „behinderte" Körper werden in Folge dessen gesellschaftlichen Normierungs- und Normalisierungsprozessen unterworfen.

In Anlehnung an Michel Foucault sind diese Normierungs- und Normalisierungs-prozesse als Techniken der Macht zu verstehen. In „Überwachen und Strafen" (1976) spricht Foucault in diesem Zusammenhang von der Macht der Norm, die von einem spezifischen Zwangscharakter geprägt ist und einerseits zu Homogenität zwingt, andererseits individualisierend, differenzierend und vergleichend wirkt.[87] Bereits Mitte der siebziger Jahre setzte sich Foucault in seinen Vorlesungen am *Collège de France* tiefergehend mit der Macht der Norm auseinander. Er schreibt,

> [...] daß die Norm keineswegs als Naturgesetz definiert wird, sondern über ihre Fähigkeit, an Bereiche, auf die sie angewandt wird, Anforderungen zu stellen und auf sie Zwang auszuüben. Die Norm trägt mithin einen Machtanspruch in sich. Die Norm ist nicht einfach ein Erkenntnisraster; sie ist ein Element, von dem aus eine bestimmte Machtausübung begründet und legitimiert werden kann. [...] In jedem Fall [...] bringt die Norm zugleich ein Prinzip der Bewertung und ein Prinzip der Korrektur mit sich. Die Funktion der Norm besteht nicht darin, auszuschließen oder zurückzuweisen. Sie ist im Gegenteil immer an eine positive Technik der Intervention und Transformation, an eine Art normatives Projekt gebunden.[88]

Auch wenn Michel Foucaults Analyse sich nicht direkt auf das Phänomen der „Behinderung" bezog,[89] hat er ein wesentliches Prinzip der angewandten

---

86 Gugutzer 2004, S. 77.
87 cf. Foucault, Michel: *Überwachen und Strafen, Die Geburt des Gefängnisses.* Suhrkamp: Frankfurt a. M. 1976, S. 237.
88 Foucault, Michel: *Die Anormalen. Vorlesungen am Collège de France (1974-1975).* Suhrkamp: Frankfurt a. M. 2003, S. 71-72.
89 Wenngleich die Figuren des „Hermaphroditen" und des „Monsters", die Michel Foucault im Zuge seiner Abhandlung zu Anormalität untersucht, heute vielfach innerhalb der *Disability Studies* aufgegriffen und unter der Perspektive von „Behinderung" diskutiert werden.

Disziplinen im Umgang mit „Behinderung" benannt.[90] Die angewandten Disziplinen, die sich auf das individuelle Modell von „Behinderung" berufen, arbeiten mit der Norm der „Nicht-Behinderung", an die Menschen mit „Behinderung" durch verschiedene Interventionstechniken zwanghaft angepasst werden sollen. Die angewandten Disziplinen stellen selbst ein solches „normatives Projekt", das Foucault beschrieben hat, dar. Die *Disability Studies* grenzen sich durch die Artikulation des sozialen Modells von „Behinderung" von diesem normativen Projekt ab.

„Behindert-Werden" – das soziale Modell von „Behinderung"

Das soziale Modell von „Behinderung" ist zunächst im britischen Kontext entstanden und wurde als Bezeichnung erstmals 1983 durch den Sozialwissenschaftler Michael Oliver verwendet.[91] Durch die Kritik am „klinischen Blick" des individuellen Modells bildet das soziale Modell gleichsam das Fundament der *Disability Studies*, durch das die Abgrenzung zum Rehabilitationsparadigma der angewandten Wissenschaften markiert wird. Als Ursprung des sozialen Modells wird häufig die britische Behindertenselbstorganisation UPIAS[92] angeführt, die im folgenden Zitat bereits 1975 den Grundgedanken beziehungsweise das Leitmotiv des sozialen Modells formulierte:

> In our view, it is society which disables physically impaired people. Disability is something imposed on top of our impairments, by the way we are unnecessarily isolated and excluded from full participation in society. Disabled people are therefore an oppressed group in society.[93]

Das soziale Modell versteht „Behinderung" als sozial bestimmt, also nicht als natürliche, sondern durch soziale Barrieren hervorgebrachte Gegebenheit. In diesem Sinne ist es nicht die einzelne Person, die „behindert" *ist*, sondern eine Person *wird* durch die Gesellschaft „behindert".[94] „Behinderung"

---

90 cf. Dederich 2010, S. 178.
91 cf. Priestly 2003, S. 26; Shakespeare, Tom: „The Social Model of Disability". In: Davis, Lennard J. (Hrsg.): *The Disability Studies Reader. Second Edition.* Routledge: London/ New York 2006, S. 198.
92 The Union of the Physically Impaired Against Segregation
93 UPIAS 1975 zit. nach Shakespeare 2006, S. 198.
94 cf. Waldschmidt 2005, S. 18.

ist somit kein individuelles Problem mehr, sondern das Resultat gesellschaftlicher Exklusionsprozesse. Auf einer analytischen Ebene unterscheidet das
soziale Modell zwei Komponenten von „Behinderung": *Disability* („Behinderung") und *Impairment* („Beinträchtigung"). *Impairment* beschreibt die
körperliche oder gesundheitliche Dimension von „Behinderung", während
Disability die sozialen Exklusionsmechanismen bezeichnet. Theoretisch verortet sich das soziale Modell innerhalb materialistischer, beziehungsweise
neo-marxistischer Gesellschaftstheorien, greift auf Theoreme des Struk-
turfunktionalismus und des Symbolischen Interaktionismus zurück und
war in Großbritannien zunächst in sozialwissenschaftlichen Disziplinen
wie Soziologie und Politikwissenschaft verankert.[95]

Die Bedeutung des sozialen Modells darf nicht unterschätzt werden. Seine Entwicklung markiert einen ersten Paradigmenwechsel im Nachdenken
über „Behinderung", der „Behinderung" erstmals als ein gesellschaftliches
und strukturelles Phänomen betrachtet und damit auch die Möglichkeiten
gesellschaftlichen Wandels eröffnet:

> Im Hinblick auf Selbstverständnis und Widerstand behinderter Menschen verur-
> sachte das Soziale Modell gewissermaßen einen Quantensprung: Nicht sie waren
> ‚falsch' – sondern die Gesellschaft, in der sie lebten! Und wenn Behinderung von
> Menschen gemacht war, dann war sie auch überwindbar, dann konnte und musste
> man gegen behindernde Strukturen kämpfen.[96]

Durch den Fokus auf soziale Exklusionsmechanismen war und ist das soziale Modell politisch sehr effizient und hat Slogans der Behindertenbewegung
geprägt, wie etwa *„Behindert ist man nicht, behindert wird man!"*. Außerdem hat es durch die Setzung von Menschen mit „Behinderung/en" als
unterdrückte Minderheit einerseits die Möglichkeit eröffnet, eine politische
kollektive Identität anzurufen und andererseits Anschlüsse an die Forderung
nach Menschenrechten anderer Bürgerrechtsbewegungen geschaffen.

Aber wie der Disability Theoretiker Tom Shakespeare feststellt: „The
social model's benefits as a slogan and political ideology are its drawbacks

---

95 cf. Waldschmidt 2005, S. 17; Priestly 2003, S. 33 f.; Dederich 2010, S. 171.
96 Köbsell, Swantje: „Gendering Disability: Behinderung, Geschlecht und Körper".
   In: Jacob, Jutta/ Köbsell, Swantje/ Wollrad, Eske (Hrsg.): *Gendering Disability.
   Intersektionale Aspekte von Behinderung und Geschlecht*. Transcript: Bielefeld
   2010, S. 19.

as an academic account of disability"[97]. Denn trotz der unumstrittenen politischen Relevanz des sozialen Modells, wird dieses innerhalb der *Disability Studies* kontrovers diskutiert. Die Kritik, die am sozialen Modell geübt wird, betrifft den verwendeten Behinderungsbegriff, das inhärente Machtverständnis, sowie die theoretische Konzeption des Körpers.

Sowohl Anne Waldschmidt als auch Tom Shakespeare kritisieren, dass das soziale Modell ein negatives Behinderungsverständnis propagiert.[98] Im sozialen Modell wird eine klare Trennung zwischen Menschen mit „Behinderung/en", die marginalisiert sind, und „nicht-behinderten" Menschen, die sozial privilegiert und häufig der Grund für die soziale Unterdrückung von Menschen mit „Behinderung/en" sind, eingeführt.[99] Damit behauptet das soziale Modell einerseits, dass eine trennscharfe Unterscheidung zwischen „Behinderung" und „Nicht-Behinderung" möglich ist, gleichzeitig wird aber durch die Setzung von „Behinderung" als soziale Exklusion „Behinderung" per se negativ konnotiert.

> In other words, the question is not whether disabled people are oppressed in a particular situation, but only the extent to which they are oppressed. A circularity enters into disability research: it is logically impossible for a qualitative researcher to find disabled people who are not oppressed.[100]

Da sich das Behinderungskonzept des sozialen Modells ausschließlich über Unterdrückung definiert, verunmöglicht es die Feststellung von Situationen, in denen Menschen mit „Behinderung" nicht marginalisiert werden. Insbesondere aus einer intersektionalitätssensiblen[101] Perspektive erscheint diese Setzung problematisch, da sie es unmöglich macht, die Verschränkung von „Behinderung" mit anderen Kategorien der Differenz zu betrachten,

---

97 Shakespeare 2006, S. 200.
98 cf. Waldschmidt 2005, S. 24; Shakespeare 2006, S. 201.
99 cf. Shakespeare 2006, S. 199.
100 ibid., S. 201.
101 Intersektionalität beziehungsweise Interdependenz ist ein theoretisches Konzept, das die Verschränkung verschiedener Kategorien der Differenz betont, die nicht isoliert voneinander betrachtet werden können, sondern vielmehr hinsichtlich ihrer wechselseitigen Bedingtheit und Widersprüchlichkeit analysiert werden müssen. Für eine Diskussion von Intersektionalität in den *Disability Studies* siehe Erevelles 2011, S. 99-102.

deren Zusammenwirken privilegierende und diskriminierende Effekte hervorbringen kann.

Mit der Setzung von „Behinderung" als Unterdrückung geht darüber hinaus ein juridisches Machtverständnis einher, das Macht als ausschließlich repressiv konzipiert und die foucaultsche These, dass Macht auch produktiv ist, nicht in den Blick nimmt. Laut dem sozialen Modell wirkt Macht eindimensional und unterdrückend auf Menschen mit „Behinderung/en" ein.[102]

Der am häufigsten diskutierte Kritikpunkt am sozialen Modell betrifft jedoch die Konzeption von Körperlichkeit. Wie oben bereits beschrieben, unterscheidet das soziale Modell zwischen *Impairment* und *Disability* als zwei Ebenen von „Behinderung", die in keiner kausalen Beziehung zueinander stehen. Das heißt *Impairment* ist zwar notwendig für *Disability*, aber nicht hinreichend, um *Disability* zu erklären. Während allerdings *Disability* als die soziale, beziehungsweise kulturelle Dimension von „Behinderung" als konstruiert aufgefasst wird, wird *Impairment* im Sinne der gesundheitlichen Beeinträchtigung als körperliche Dimension von „Behinderung" nicht weiter problematisiert.[103] Kritiker_innen des sozialen Modells berufen sich häufig auf die *Sex-Gender*-Debatte[104] in feministischer Theoriebildung und argumentieren, dass durch die Trennung von *Disability* und *Impairment* eine Dichotomie von „Natur" und „Kultur" reproduziert wird, in der *Impairment* dem Bereich der „Natur" zugeteilt wird und der „behinderte" Körper somit als ahistorisch und vorsozial gesetzt wird.[105] Damit postuliert das soziale Modell im Grunde einen essentialistischen Kern von „Behinderung", der am Körper festgemacht werden kann. Der soziale Konstruktionscharakter von *Impairment* selbst wird in dieser Konzeption von „Behinderung" nicht wahrgenommen. Das soziale Modell tritt also, ausgehend von der Kritik des individuellen Modells, dafür an, „Behinderung" der medizinischen Definitionsmacht zu entreißen und den kausalen Zusammenhang zwischen biologischer Differenz und „Behindert-Werden" zu dekonstruieren. Die Annahme

---

102 cf. Tremain 2005, S. 9.
103 cf. Waldschmidt 2005, S. 21.
104 cf. Abschnitt „Theorie(n) vom Körper" in diesem Buch.
105 cf. Waldschmidt 2005/ Shakespeare 2006.

einer natürlichen, biologischen Differenz bleibt dabei jedoch unhinterfragt, wodurch die Ebene der körperlichen Beeinträchtigung somit schlussendlich doch der medizinischen Deutungshoheit überlassen wird und diese bestätigt.

Dis/ability als Paradigmenwechsel – das kulturelle Modell von „Behinderung"

Ausgehend von der Kritik am dualistischen Konzept des sozialen Modells gibt es innerhalb der *Disability Studies* mittlerweile eine Vielzahl von Arbeiten, die auch den Körper als diskursiv und sozial hervorgebracht analysieren und bemüht sind, der Problemorientierung des individuellen und des sozialen Modells ein affirmatives Behinderungskonzept, beziehungsweise einen positiven Differenzbegriff entgegenzusetzen.[106] Anne Waldschmidt argumentiert, dass diese Arbeiten unter einem dritten Typus – dem kulturellen Modell von „Behinderung" – zusammengeführt werden können.[107] Diese Perspektive hat sich vornehmlich in den USA entwickelt und setzt sich auch innerhalb der deutschsprachigen *Disability Studies* durch. Grundlagen des kulturellen Modells bilden poststrukturalistische Ansätze der Geistes- und Kulturwissenschaften.[108] So unterschiedlich die verschiedenen Ansätze auch sind, die Waldschmidt unter dem kulturellen Modell zusammenfasst, sie bauen auf einigen gemeinsamen Annahmen auf:

Ausgehend von der körpertheoretischen Kritik am sozialen Modell tritt die soziale Herstellung von Körpern selbst in den Vordergrund der Analysen. Basierend auf Michel Foucaults Verständnis des Körpers als diskursiv und von Macht durchzogen[109] und in Anlehnung an Judith Butlers Argument, dass das vermeintlich natürliche Geschlecht (*sex*) performativ hervorgebracht ist[110], argumentieren Vertreter_innen des kulturellen Modells, dass auch *Impairment* diskursiv hergestellt wird und keinesfalls eine natürliche, objektive Größe darstellt. Die körperliche Beeinträchtigung ist demnach keine vorsoziale Tatsache, sondern kann nur in ihrer diskursiven,

---

106   cf. Dederich 2010, S. 172.
107   cf. Waldschmidt 2005, S. 25.
108   cf. Dederich 2010, S. 172/ Waldschmidt 2010, S. 18.
109   cf. Foucault 1977.
110   cf. Butler 1991.

kulturellen und historischen Prägung wahrgenommen werden. Körper und damit auch körperliche Beeinträchtigung sind keine universellen Einheiten, sondern kulturell und historisch bestimmt. Das kulturelle Modell grenzt sich durch dieses Verständnis von Körperlichkeit vom individuellen und sozialen Modell ab und unterstreicht den Konstruktionscharakter von *Impairment* und *Disability*.

> Einer der wichtigsten Unterschiede zwischen dem sozialen und kulturellen Modell besteht darin, dass ersteres die vorgeblich medizinisch beschreibbare Schädigung des Körper nicht problematisiert, sondern sich auf die Sachverhalte der Unterdrückung und Benachteiligung konzentriert. Demgegenüber begreifen viele Vertreterinnen und Vertreter des ‚kulturellen Modells‘ den Körper – und damit auch die physische Schädigung – als Konstruktion.[111]

Im Gegensatz zum individuellen und sozialen Modell betrachtet das kulturelle Modell „Behinderung" und „Nicht-Behinderung" nicht als dichotome, einander ausschließende Kategorien. Im Gegenteil werden „Behinderung" und „Nicht-Behinderung" als sozial hergestellte Phänomene betrachtet, die sich gegenseitig bedingen.[112]

Mit dieser Perspektivierung geht ein Standpunktwechsel in der Forschung einher: Es geht nicht mehr nur um Forschung über „Behinderung", sondern auch die Konstruktion von „Normalität" und „Nicht-Behinderung" wird zum Teil der Forschungsagenda. Daher werden nach Waldschmidt aus den *Disability Studies* in der kulturwissenschaftlichen Perspektive eigentlich die *Dis/ability Studies*.[113] Es geht aus dieser Perspektive weniger um eine Problematisierung des „behinderten" Körpers, sondern im Gegenteil auch darum, die Mehrheitsgesellschaft in den Blick zu nehmen und die Dichotomie von Normalität und Abweichung – „Behinderung" und „Nicht-Behinderung" – zu hinterfragen. „Behinderung" ist dabei weder ein individuelles Problem wie im individuellen Modell, noch die Markierung einer gesellschaftlich exkludierten Minderheit wie im sozialen Modell, sondern wird als heuristisches Moment verstanden.[114] „(Nicht-)Behinderung" ist demnach ein kulturelles Deutungsmuster – eine „Brille" – durch die Körper gelesen

---

111 Dederich 2010, S. 172.
112 cf. Waldschmidt 2005, S. 25.
113 cf. Waldschmidt 2010, S. 20.
114 cf. Waldschmidt 2005, S. 26.

und kategorisiert werden. Das kulturelle Modell fokussiert also weniger auf die Kategorie „Behinderung" an sich, sondern stellt den Kategorisierungsprozess selbst und dessen Wirkmächtigkeit in den Mittelpunkt des Erkenntnisinteresses.

> Aus kulturwissenschaftlicher Perspektive geht es um ein vertieftes Verständnis der Kategorisierungsprozesse selbst, um die Kritik des ‚klinischen Blicks‘, d.h. um die Analyse ausgrenzender Wissensordnungen und der durch sie konstituierten Realität.[115]

Die von Waldschmidt beschriebene machtvolle Wissensordnung schlägt sich in gesellschaftlichen Strukturen und kulturellen Diskursen und Praxen nieder, in denen „Behinderung" und „Nicht-Behinderung" naturalisiert werden. Das kulturelle Modell fokussiert auf die Dekonstruktion eben jener Ordnungen und fragt nach ihrer gesellschaftlichen Funktion innerhalb sozialer Machtverhältnisse. Die Antwort lautet aus der Perspektive des kulturellen Modells, dass „Behinderung" im Sozialen als Anti-These funktioniert, über die Normalität erst produziert werden kann und „Behinderung" dadurch die soziale Ordnung stabilisiert.[116] Daher streben Vertreter_innen des Modells einen Wandel an, der sich auf den Ebenen kultureller Repräsentationen und gesellschaftlicher Strukturen vollziehen soll und dessen Kern ein positives Verständnis von Differenz und „Behinderung" sein soll.

Im Folgenden schließe ich mich der Perspektive des kulturellen Modells von „Behinderung" an und möchte nun, nach dieser ausführlichen Einführung in die verschiedenen Konzeptionen von „Behinderung", nach den Verbindungslinien zwischen *Disability Studies* und Entwicklungskritik fragen.

„Behinderung" im globalen Kontext: Disability Studies treffen Entwicklungsforschung

Die Forschung der *Disability Studies* beschränkt sich in einem starken Maß auf national abgegrenzte Räume und bezieht sich in erster Linie auf die Erfahrung von *weißen* Menschen mit „Behinderung", was sich sowohl in der Hegemonie *weißer* Akademiker_innen innerhalb der *Disability Studies*

---

115 Waldschmidt 2010, S. 19.
116 cf. ibid., S. 16.

als auch in Bezug auf die Objekte der Forschung widerspiegelt. In seinem provokativen Text *Introducing White Disability Studies: A Modest Proposal.* (2006) erstellt der 2009 verstorbene Schwarze Theoretiker für *Disability Studies,* Chris Bell, deshalb eine Zehn-Punkte-Liste darüber, wie die *Disability Studies* es auch in Zukunft vermeiden können, Fragen von „Rasse" und „Ethnizität" substantiv in ihre Forschung einzubinden. Er identifiziert *Weißsein* als konstitutives Moment der *Disability Studies* und macht daher den provokanten Vorschlag, diese fortan als *White Disability Studies* zu bezeichnen.

> In contradistinction to Disability Studies, White Disability Studies recognizes its tendency to whitewash disability history, ontology and phenomenology. White Disability Studies, while not wholeheartedly excluding people of color from its critique, by and large focuses on the work of white individuals and is itself largely produced by a corps of white scholars and activists. White Disability Studies envisions nothing ill-advised with this leaning because it is innocently done and far too difficult to remedy.[117]

Durch dieses *Whitewashing* werden innerhalb der *Disability Studies* die Erfahrungen von Schwarzen und *People of Colour* unsichtbar gemacht und intersektionale Gewaltverhältnisse verschleiert. Der, innerhalb der Disability Studies vorherrschende, methodische Nationalismus verunmöglicht es, „Behinderung" im Kontext globaler Verflechtungen zu thematisieren und das „westliche", *weiße* Subjekt der *Disability Studies* zu dezentrieren.[118]

Auch wenn es bislang keine kohärente theoretische Verbindung von *Disability Studies* und kritischer Entwicklungsforschung gibt und Diskussionen über „Behinderung" im globalen Süden häufig fragmentarisch sind,[119] schreiben doch einige Autor_innen an der Schnittstelle von

---

117 Bell, Chris: „Introducing White Disability Studies: A Modest Proposal". In: Davis, Lennard J. (Hrsg.): *The Disability Studies Reader. Second Edition.* Routledge: London/ New York 2006, S. 275.

118 Puar, Jasbir: „Prognosis time: Towards a geopolitics of affect, debility and capacity". In: *Women & Performance: a journal of feminist theory* 19(2), 2009, S. 165.

119 cf. Grech, Shaun: „Disability and the Majority World: Challenging Dominant Epistemologies". In: *Journal of Literary & Cultural Disability Studies* 5(2), 2011a, S. 217.

„(Nicht-)Behinderung" und globalen Ungleichheitsverhältnissen. Nach meinem Eindruck geschieht dies häufiger aus der Perspektive der *Disability Studies* als aus der Perspektive der Entwicklungsforschung. Im Folgenden möchte ich exemplarisch einige Autor_innen vorstellen, die unterschiedliche Zugänge zu der Thematik entwickelt haben und einen Überblick über deren Forschung geben. Um diese Aufgabe übersichtlich zu gestalten, habe ich drei unterschiedliche Modi der Auseinandersetzung mit „Behinderung" im globalen Kontext identifiziert:

1. Kulturwissenschaftliche und anthropologische Ansätze, die „Behinderung" als kulturell verortet betrachten und die Bedeutung des Lokalen herausstreichen.

2. Polit-ökonomische Ansätze marxistischer Prägung, die „Behinderung" im Kontext neoliberaler Globalisierung und struktureller Ungleichheiten kontextualisieren.

3. Postkoloniale und dekoloniale Ansätze, die (neo-)kolonialisierende Diskurse rund um „Behinderung" aufdecken und dominante Epistemologien der *Disability Studies* dekonstruieren.

Die Trennung dieser drei Modi ist in erster Linie analytischer Art und dient der Systematisierung, tatsächlich sind die Übergänge teilweise fließend und die vorgestellten Autor_innen bedienen sich häufig mehr als einer Argumentationslinie.

Ich möchte im Folgenden herausarbeiten, wie die verschiedenen Herangehensweisen „Behinderung" in den Kontext globaler Ungleichheitsverhältnisse einbetten und der Frage nachgehen, wie diese Ansätze für eine Analyse von „Behinderung" im Entwicklungsdiskurs nutzbar gemacht werden können. Dadurch sollen potentielle Schnittstellen zwischen Entwicklungsforschung und *Disability Studies* sichtbar gemacht werden. In der Auseinandersetzung mit den Analysemodi gilt mein Interesse deshalb den Fragen, welches Verständnis von „Entwicklung", globaler Ungleichheit und (post)kolonialen Machtverhältnissen den Texten zugrunde liegt und wie „Behinderung" adressiert wird. Ausgehend von den vorhergehenden Einführungen in die kritische Entwicklungsforschung und die *Disability Studies* frage ich insbesondere nach Zentrismuskritiken, Repräsentationsmustern, historischen Verwobenheiten und Konzeptionen von Körperlichkeit und „Behinderung" im Zusammenspiel mit anderen Differenzkategorien. Die

Gegenüberstellung der drei Modi ermöglicht es außerdem, die jeweiligen Schwächen der einzelnen Ansätze zu beleuchten.[120]

Disability Studies und das Lokale: Kulturelle Verortungen von „Behinderung"

Kulturwissenschaftliche und vor allem anthropologische Analysen innerhalb der *Disability Studies* legen ihren Fokus auf kulturspezifische Verständnisse von „Behinderung" und arbeiteten heraus, wie „Behinderung" in verschiedenen lokalen Kontexten im Zusammenspiel mit weiteren soziokulturellen Faktoren hervorgebracht und verhandelt wird. Damit schaffen sie ein Gegengewicht zu universalisierenden Diskursen über „Behinderung", die ein allgemeingültiges Verständnis von „Behinderung" postulieren und davon ausgehen, dass Menschen mit „Behinderung" unabhängig von ihrer kulturellen und geopolitischen Verortung überall dieselben Formen von Stigmatisierung und Marginalisierung erleben.[121] Kulturwissenschaftliche und anthropologische Ansätze betonen stattdessen die Kontextgebundenheit von „Behinderung" und plädieren für partikulare Analysen, die kulturelle und soziale Formationen berücksichtigen.

Ein prominentes Beispiel für eine solche Herangehensweise ist der Sammelband *Disability in Local and Global Worlds* (2007) von Benedicte Ingstad und Susan Reynolds Whyte. Er vereint anthropologische Studien zu kulturspezifischen Verständnissen von „Behinderung" und „behindernden" Strukturen. Dabei betonen die Herausgeber_innen, dass nicht nur das Verständnis von „Behinderung" kontextgebunden ist, sondern auch die Bedeutung, die „Behinderung" in einem sozialen Gefüge beigemessen wird, unterschiedlich ausgestaltet ist.[122] Das Ziel der Herausgeber_innen ist dabei,

---

120 Angesichts der Kritik von Chris Bell an der Dominanz *weißer* Akademiker_innen innerhalb der *Disability Studies* möchte ich an dieser Stelle offenlegen, dass auch ich mich im Folgenden zu einem Großteil auf *weiße* Forscher_innen beziehe, die an akademischen Institutionen im „globalen Norden" verortet sind.

121 cf. Charlton, James I.: „Peripheral Everywhere". In: *Journal of Literary & Cultural Disability Studies* 4(2), 2010, S. 195.

122 cf. Whyte, Susan Reynolds/ Ingstad, Benedicte: „Introduction. Disability Connections". In: Ingstad, Benedicte/Whyte, Susan Reynolds (Hrsg.): *Disability*

sich mit „different realities that constitute disability in different places"[123] auseinanderzusetzen und „Behinderung" im Spannungsfeld zwischen lokalen und globalen Kontexten zu diskutieren. Obwohl die Autor_innen bemüht sind, die globale Verflochtenheit des Lokalen zu beschreiben, herrscht in dem Band dennoch ein Primat des Lokalen vor. Dadurch, dass sie dem Lokalen eine solch hohe Bedeutung beimessen, entziehen sich die Autor_innen einer universellen Definition von „Behinderung" und betonen stattdessen, dass die Bedeutung von „Behinderung" stets kontextgebunden ist: „We are interested in people's own experiences of what is disabling in their world rather than in some universal definition"[124]. Dadurch hinterfragen sie zu einem gewissen Grad auch die transkulturelle Übersetzbarkeit der „westlich" geprägten *Disability Studies* und insbesondere des sozialen Modells von „Behinderung".

In ähnlicher Manier verfährt auch der von Mark Priestly herausgegebene Sammelband *Disability and the Life Course* (2001). Die in diesem Sammelband vereinten Beiträge analysieren „Behinderung" vor dem Hintergrund biographischer Lebensverläufe. Die Artikel zeichnen nach, wie „Behinderung" im Zusammenspiel mit anderen Differenzkategorien wie „Rasse", Klasse, Geschlecht, Sexualität, Religion und Kaste hervorgebracht wird. Auch hier liegt die Betonung auf der historisch und kulturell geprägten Partikularität von „Behinderung" und der Demonstration, dass es keinen universellen Lebensverlauf gibt.

Für eine entwicklungskritische Perspektive auf „Behinderung" bietet eine solche Auseinandersetzung mit anthropologischen Ansätzen der *Disability Studies* das Potential, „Behinderung" als universelle Kategorie zu hinterfragen und Sensibilität für lokale Kontexte herzustellen. So betonen beispielsweise Whyte und Ingstadt, dass „Behinderung" im globalen Süden weniger als individuelles Problem gefasst wird, sondern Familien- und Verwandtschaftsverhältnisse eine wesentlich größere Rolle in der sozialen Verhandlung von „Behinderung" spielen. Sie kritisieren, dass die Bedeutung, die eben jenen Familien- und Verwandtschaftsverhältnissen zukommt,

---

in Local and Global Worlds. University of California Press: Berkeley/ Los Angeles/ London 2007, S. 14.
123 ibid., S. 1.
124 ibid., S. 11.

jedoch in internationalen Diskursen (wie auch dem Entwicklungsdiskurs) nicht wahrgenommen wird:

> It is striking that in the local worlds described here, disability is not a condition of individuals alone but a matter that is shared by relatives. The relevance of domestic and kinship relationships as a primary context for understanding disability is so clear in the ethnography, and so often overlooked in discourses about technology, policy, and human rights.[125]

Eine Beschäftigung mit anthropologischen Ansätzen, die die lokale Verortung von „Behinderung" betonen, kann also dazu beitragen westliche Verständnisse von „Behinderung" ein Stück weit zu dezentrieren und damit einen Anknüpfungspunkt für kritische Analysen von „Entwicklung" bieten.

Problematisch an diesem Modus der Auseinandersetzung mit „Behinderung" ist jedoch, dass durch ihre Betonung des Lokalen die Gefahr besteht, kulturelle Differenz zu naturalisieren und in kulturalistische Argumentationsmuster zu verfallen. Dazu trägt meines Erachtens auch die Forscher_innenperspektive der oben dargestellten Analysen bei, da diese relativ unkritisch mit ihrer privilegierten Position umgehen, aus der heraus sie „die Anderen" beforschen. So steht für Ingstad und Whyte auch die Frage im Vordergrund, „What is disabling for *them there?*"[126], die eine Distanz zum Forschungsgegenstand herstellt, während sie ihre eigene Situiertheit als *weiße* Forscher_innen nicht einbeziehen.

Einen weiteren Kritikpunkt bildet die Vernachlässigung der Analyse von „Normalität" oder „Nicht-Behinderung". Beide Sammelbände konzentrieren sich darauf, die Kontextualität von „Behinderung" herauszuarbeiten, versäumen es aber leider auch die kulturellen Gewordenheiten von Normalitäts-Konzepten im komplexen Wechselspiel zwischen lokalen und globalen Verständnissen zu untersuchen.

Für eine sich kritisch mit „Entwicklung" auseinandersetzende Perspektive bildet jedoch das Primat des Lokalen selbst den zentralen Kritikpunkt an diesem Analysemodus. Durch das vorherrschende Primat des Lokalen werden globale Verflechtungen und Ungleichverhältnisse in den Hintergrund gedrängt. Die anthropologischen Analysen neigen dadurch zu Fallstudien, die zwar den spezifischen kulturellen Kontext herausarbeiten können, die

---

125 Whyte/ Ingstad 2007, S. 24.
126 ibid., S. 3. [Hervorhebung I.G.]

globale Einbettung des Lokalen in politische und ökonomische Verhält-
nisse aber vernachlässigen.[127] Die oben genannte nationale Verengung der
Disability Studies findet somit auf einer noch partikulareren Ebene wieder
Eingang in die Analyse.

> As one moves from the global and historical to the local, contextual and other
> aspects of the Global South are cast even further into ontological oblivion.
> Paradoxically, the majority world is talked about but with little or no engage-
> ment with the complex and heterogenous socio-economic, political and cultural
> landscapes that make up these spaces.[128]

Dieser Aspekt ist besonders kritisch, da die Aushandlungen zwischen lokalen und globalen Behinderungsverständnissen nicht in einem machtfreien
Raum stattfinden und durch die Unterschlagung einer solchen Perspektive
globale Dominanzverhältnisse, die sich auf diskursiven, epistemologischen
und materiellen Ebenen niederschlagen, nicht mit berücksichtigt werden
und somit das Spannungsfeld, in dem „Behinderung" zwischen lokalen
Verständnissen und internationalen Definitionen steht, außer Acht gelas-
sen wird.

Transnationale/ Globale Disability Studies: Politische Ökonomie von „Behinderung"

Die Ansätze, die ich unter dem Modus *transnationale* oder *globale Disability Studies* zusammengefasst habe, nehmen eben jene strukturellen Ungleichheitsverhältnisse, in die „Behinderung" eingebettet ist, in den Blick. Sie
beziehen sich dabei auf Konzepte der Politischen Ökonomie und Fragmente
marxistischer Theorien. Insbesondere die Anmerkung von Karl Marx über
die „behindernden" Effekte industrieller Produktion[129] wird dabei häufig
als Ausgangspunkt ihrer Argumentationen herangezogen. Ihr Fokus liegt im
Gegensatz zur Lokalität anthropologischer Analysen auf globalen Machtbe-
ziehungen und struktureller Gewalt im transnationalen Raum sowie deren
sozio-ökonomischen Bedingungen und Effekte.

---

127   cf. Erevelles 2011, S. 19.
128   Grech 2012, S. 56-57.
129   cf. Gleeson, B. J.: „Disability Studies: A historical materialist view". In: *Disa-
      bility & Society* 28(5), 1997, S. 193.

Ausgehend von einer historisch-materialistischen Analyse von „Behinderung" im transnationalen Kapitalismus diskutiert die *Disability-Studies*-Theoretikerin und Erziehungswissenschaftlerin Nirmala Erevelles „Behinderung" vor dem Hintergrund globaler sozialer und ökonomischer Transformationen und kolonialer, postkolonialer und neoliberaler Gewalt. Bezogen auf Judith Butlers[130] Frage, welche Körper von Gewicht seien, formuliert sie die Frage: „*Why* do some bodies matter more than others?"[131] Ihr geht es darum, herauszuarbeiten, wie der („behinderte") Körper innerhalb kapitalistischer Produktions- und Konsumptionsverhältnisse hervorgebracht wird, deren soziale und ökonomische Implikationen wiederum bestimmen, welche Körper von Gewicht sind.[132] Sie plädiert dafür, dass diese Implikationen nur dann sinnvoll erfasst werden können, wenn „Klasse" (wieder) als analytische Kategorie in die *Disability Studies* eingeführt wird.[133] Diese Forderung wird auch von Michael Davidson geteilt. Er kritisiert, dass sich die *Disability Studies* bislang nur unzureichend mit Prozessen der Globalisierung, der ungleichen Verteilung von Reichtum und der politischen Ökonomie des Körpers befasst haben.[134] Ausgehend vom sozialen Modell von „Behinderung" argumentiert er, dass körperliche und kognitive Beeinträchtigung in direkter Verbindung mit materiellen Bedingungen und Machtverhältnissen stehen. Am Beispiel der US-amerikanischen Einwanderungsgesetze des 19. Jahrhunderts zeigt der Autor die historischen Wurzeln der Verbindung zwischen zunehmender Internationalisierung und „Behinderung" auf, zielten doch bereits jene Gesetze darauf ab, „kranken" und „nicht-leistungsfähigen" Körpern den Zugang zur Staatsbürger_innenschaft zu verweigern. Eine weitere historische Verbindung sieht Davidson in der Geschichte internationaler Arbeit, die basierend auf fordistischen Produktionsmodi als eine Geschichte chronischer Krankheiten, „behindernder" Arbeitsunfälle und psychologischen Stresses gedeutet werden kann.[135]

---

130 cf. Butler 1995; im Original von 1993 *Bodies That Matter*.
131 Erevelles 2011, S. 6. [Hervorhebung I.G.]
132 cf. ibid., S. 7.
133 cf. ibid., S. 18.
134 cf. Davidson, Michael: „Universal Design. The Work of Disability in an Age of Globalization". In: Davis, Lennard J. (Hrsg.): *The Disability Studies Reader. Second Edition.* Routledge: New York/ London 2006, S. 118.
135 cf. ibid., S. 118.

Diese Charakteristika kapitalistischer Produktionsweisen setzten sich im Prozess der wirtschaftlichen Globalisierung fort und werden teilweise noch verschärft:

> And while economic globalization claims to solve problems of world health, it often disables the very people it seeks to help by keeping countries in perpetual debt to structural adjustment programs, eliminating environmental protections, privatizing health care, and limiting access to generic medicines.[136]

Davidson identifiziert demnach die materiellen Effekte globaler Ungleichheit als die Ursachen von „Behinderung". Diesem Verständnis folgend greift er Nancy Frasers Konzept der globalen Gerechtigkeit auf und argumentiert, dass es sowohl Politiken der Anerkennung als auch Politiken der materiellen Umverteilung bedarf.[137]

Nirmala Erevelles entwickelt in ihrem theoretischen Ansatz, den sie als *Transnational Feminist Disability Studies*[138] bezeichnet, ein ähnliches Argument. Ihr Ausgangspunkt ist Robert McRuers provokative Frage, „What might it mean to welcome the disability to come, to desire it?".[139] Sie setzt sich kritisch mit poststrukturalistischen und insbesondere posthumanistischen Körperkonzeptionen in den *Disability Studies* auseinander und kritisiert, dass diese die historischen und materiellen Bedingungen, unter denen Körper hervorgebracht werden, nicht mitbedenken.[140] Theorien, die „Behinderung" als radikale postmoderne Identität konzeptionalisieren, setzen ihrer Ansicht nach privilegierte materielle Verhältnisse voraus. Wenn „Behinderung" als Transgression humanistischer Subjektverständnisse und essentialistischer Körpervorstellungen gefasst wird, werden zugleich die

---

136 Davidson, Michael: *Concerto for the Left Hand. Disability and the Defamiliar Body.* The University of Michigan Press: Ann Arbor 2008, S. 168.
137 cf. Davidson 2006, S. 126.
138 cf. Erevelles 2011, S. 123.
139 McRuer, Robert: *Crip Theory. Cultural Signs of Queerness and Disability.* New York University Press: New York/ London 2006b, S. 207.
140 Posthumanistische Ansätze innerhalb der Disability Studies konzipieren mit Bezug auf die Theorien von Körper und Subjekt bei Deleuze, Butler, Haraway, Derrida und anderen den „behinderten" Körper als ein Hybrid oder eine Assemblage, die die humanistische Vorstellung einer stabilen Entität von Subjekt und Körper in Frage stellt und daher eine transgressive Verkörperung (Embodiment) darstellt; cf. Erevelles 2012, S. 12 ff., S. 27-28.

sozialen und ökonomischen Kontexte von „Behinderung" ausgeblendet. Erevelles prüft deshalb den dominanten postmodernen Kanon der *Disability Studies* mit einer Reihe kritischer Fragen:

> How can acquiring a disability be celebrated as 'the most universal of human conditions', if it is acquired under the oppressive conditions of poverty, economic exploitation, police brutality, neocolonial violence, and lack of access to adequate health care and education? [...] How can cyborg subjectivities be celebrated when the manufacture of prostheses and assistive technology is dependent on an exploitative international division of labor?[141]

Ihrer Ansicht nach vertreten posthumanistische Theorien eine idealistische Vision von Emanzipation, die aufgrund eben jener Ausblendung sozio-ökonomischer Faktoren nie erreicht werden kann.[142]

Ausgehend von dieser fundierten Kritik formuliert Erevelles ein materialistisches Konzept von „Behinderung", das „Behinderung" weder als rein diskursiv noch rein biologisch versteht. Sie grenzt sich vom dualistischen Körperverständnis des sozialen Modells ab und entwirft stattdessen einen Beeinträchtigungsbegriff, der *Impairment* als gleichzeitig historisch, sozial und biologisch bestimmt sieht.[143] „Behinderung" ist daher für Erevelles eine historisch-materialistische Konstruktion.[144] Sie argumentiert, dass eine historisch-materialistische Perspektive auf den („behinderten") Körper in besonderer Weise die strukturelle Gewalt, die in den materiellen Körper eingeschrieben ist, analysieren kann.[145] Die Materialität des Körpers ist nach Erevelles durch die sozialen und ökonomischen Bedingungen des transnationalen Kapitalismus bestimmt, die den Körper mittels rassialisierter, vergeschlechtlicher und nationalistischer Diskurse hervorbringen.[146] Die Autorin bedient sich an dieser Stelle dem marxschen Konzept des Warenfetischs und argumentiert, dass „Behinderung" im Kapitalismus zu einer Ware wird, die sowohl mit einem Gebrauchswert als auch mit einem Tauschwert versehen ist, deren soziale Konstruktion jedoch verschleiert wird indem „Behinderung" als natürliche Tatsache dargestellt wird. Den Gebrauchswert von

---

141 ibid., S. 130.
142 cf. ibid., S. 48.
143 cf. ibid., S. 31.
144 cf. ibid., S. 48.
145 cf. ibid., S. 17.
146 cf. ibid., S. 26.

„Behinderung" sieht Erevelles in der Legitimation von Unterdrückung und Ausbeutung durch die Referenz auf natürliche Inferiorität.[147]

Erevelles Antwort auf Robert McRuers Frage liegt deshalb in einem Wandel der Produktionsverhältnisse, da sie diese als maßgeblich für die neoliberale Verwerfung von „Behinderung" identifiziert. Sie fragt deshalb nach den politökonomischen Bedingungen, unter denen „Behinderung" wünschens- und begehrenswert sein kann. Ihrer Argumentation folgend, besteht diese Möglichkeit nur dann, wenn globale ökonomische Ausbeutungsverhältnisse nicht reproduziert werden.[148]

Marxistische Ansätze in den *Disability Studies* schaffen es, die strukturelle Verankerung von ableistischer Diskriminierung und Unterdrückung aufzuzeigen:

> It is an imperative to recognize and celebrate Marxism's contribution to disability studies. Critical disability studies owe a debt to the many activists and scholars that unearthed the structural foundations of oppression faced by disabled people.[149]

Eine historisch-materialistische Perspektive mit Blick auf transnationale und globale Zusammenhänge wie die von Erevelles und Davidson bietet darüber hinaus die Möglichkeit „Behinderung" und „Entwicklung" im Kontext neoliberaler Globalisierung und ökonomischer Ausbeutung zusammenzudenken. Sie schafft es, den Blick auf die historische Gewordenheit globaler Ungleichheiten und ökonomischer Abhängigkeiten zu richten und dabei strukturelle Gewalt- und Herrschaftsverhältnisse sichtbar zu machen. Durch einen solchen Blickwinkel wird insbesondere eine kapitalismuskritische Argumentation innerhalb der Entwicklungsforschung gestärkt. Ein Aufgreifen dieser Argumente in der kritischen Entwicklungsforschung bietet die Möglichkeit zu fragen, wie und wo jene neoliberalen Diskurse über „Behinderung" innerhalb des Entwicklungsdiskurses fortgeschrieben oder durchbrochen werden und welche „behindernden" Effekte „Entwicklung" mit sich bringt.

Grech kritisiert jedoch historisch-materialistische Ansätze in den *Disability Studies*, da sie seines Erachtens Gefahr laufen, geschichtsteleologisch

---

147   cf. ibid., S. 62-63.
148   cf. ibid., S. 63.
149   Goodley, Dan: „Dis/entangling Critical Disability Studies". In: *Disability & Society* 28(5), 2013, S. 632.

und universalistisch zu verfahren. Der ökonomische Determinismus histo-
risch-materialistischer Ansätze hat seiner Ansicht nach einen eurozentrischen Kern:

> We need a materialist analysis capable of stretching back its timelines, therefore, to
> redress its Eurocentric view of capitalism (and the overall analysis) as a European
> project, fabricated within the European space, and only then, spread to the world's
> 'backward' peripheries.[150]

Er wirft materialistischen Analysen außerdem ein simplifizierendes und
universalisierendes Verständnis freier Marktwirtschaft vor, da die Bedeutung freier Märkte nicht unabhängig von geopolitischer Verortung gefasst
werden kann.

> The debate should instead be about colonialism, global capitalism, material and
> ontological domination of the Global South, international (rather than exclusively
> national) markets and internation division of labour and nations and geopolitics,
> without ever losing sight of imperialism.[151]

Michael Davidson und in noch stärkerem Maß Nirmala Erevelles überar-
beiten historisch-materialistische Ansätze zwar durch die partielle Übernahme postkolonialer Theorien und Konzepte der *Critical Race Studies*
und widersprechen in diesem Sinne teilweise der Kritik von Shaun Grech.
Dennoch scheitern beide an einer tiefer gehenden Auseinandersetzung mit
epistemischer Gewalt (neo)kolonialer Diskurse. Sie selbst reproduzieren
diese epistemische Gewalt, indem sie Konzepte der US-amerikanischen und
britischen *Disability Studies* heranziehen, um globale Machtverhältnisse
zu beleuchten. Durch diesen Transfer westlicher Modelle tragen sie selbst
zu einer Kolonialisierung der *Disability Studies* bei. Theorien zu und Perspektiven auf „Behinderung", die im globalen Süden situiert sind, werden
durch diese westliche Hegemonie unsichtbar gemacht. Einen möglichen
Ausgangspunkt für eine Dekolonisierung der *Disability Studies* bieten jedoch postkoloniale und dekoloniale Perspektiven in und auf die *Disability
Studies*, die im folgenden Absatz vorgestellt werden sollen.

---

150 Grech 2012, S. 53.
151 ibid., S. 56.

Postkoloniale Theorien und Disability Studies: „Behinderung" dekolonisieren

Verbindungen zwischen postkolonialen Theorien und *Disability Studies* existieren bislang nur marginal. Sowohl Mark Sherry (2007) als auch Clare Barker und Stuart Murray (2010) kritisieren, dass „Behinderung" häufig nur als Metapher in postkolonialen Theorien verwendet wird, ebenso wie (Post-)Kolonialismus nur als rhetorisches Stilmittel innerhalb der *Disability Studies* in Erscheinung tritt. Oft werden „Rasse" und „Behinderung" in diesen Metaphorisierungen gleichgesetzt, wodurch die komplexen Überschneidungen, Interdependenzen und Widersprüchlichkeiten dieser beiden Kategorien ausgeblendet werden. Sie fordern deshalb eine Postkolonialisierung von *Disability Studies,* beziehungsweise eine „Behinderung" postkolonialer Theorien.

Im Folgenden möchte ich die Argumentionslinien dreier Autorinnen, die sich dieser Forderung angenommen haben, vorstellen: Helen Meekosha (2011), Fiona Kumari Campbell (2011) und Raewyn Connell (2011). Neben einer inhaltlichen Zusammenfassung ihrer Thesen richtet sich mein Interesse erneut auf die Relevanz ihrer Argumente für eine kritische Entwicklungsforschung und die Frage nach der Verbindung von „Entwicklung" und „Dis/ability".

Helen Meekosha analysiert in ihrem Essay *Decolonising disability: thinking and acting globally* (2011) die Dominanz des globalen Nordens innerhalb der *Disability Studies*, in denen „Behinderung" als Wissensobjekt konstituiert wird, ohne Theoretiker_innen oder Erfahrungen aus dem globalen Süden mit einzubeziehen: „Disability Studies was constructed as a field of knowledge without reference to the theorists, or the social experience, of the global South".[152] Meekosha kritisiert, dass die *Disability Studies* zwar auf der Ebene von Körpervorstellungen Normen hinterfragen, im Bereich geopolitischer Machtverhältnisse jedoch die Norm festigen, in dem sie den „globalen Norden" als zentralen Referenzpunkt setzen. Sie arbeitet in ihrem Artikel die eurozentrische Epistemologie der *Disability Studies* heraus und kritisiert deren Universalismusanspruch. Auch Raewyn

---

152 Meekosha, Helen: „Decolonizing disability: thinking and acting globally". In: *Disability & Society* 26(6), 2011, S. 668.

Connell kritisiert die unhinterfragte Übertragung westlicher Konzepte von „Behinderung" auf den globalen Süden. Sie bezeichnet die *Disability Studies* als metropolitanes Wissen, das auf den Erfahrungen von Menschen mit „Behinderung/en" im globalen Norden beruht und daher für die Mehrheit der Menschen mit „Behinderung/en", die im globalen Süden leben, wenig Relevanz hat.

> We must do better than this. One reason is that a universal form of knowledge cannot be based on the experiences of a privileged minority alone. On the most generous calculation the metropole counts for less than one in six of the world's people. The great majority of disabled people – 80 per cent on estimate – live in the global South. A second reason is that an intellectual project that cuts itself off from most of the world's cultures, and many of its most creative intellectuals, radically impoverishes itself.[153]

Meekosha und Connell rufen deshalb zu einem Prozess der intellektuellen Dekolonialisierung der *Disability Studies* auf, der durch die Inkorporation von postkolonialen und dekolonialen Theorien sowie indigenem Wissen vorangetrieben werden kann.

Sowohl Connell als auch Meekosha weisen auf den eurozentrischen Bias des sozialen Modells von „Behinderung", das häufig als universelles Erklärungsmodell sozialer Benachteiligung postuliert wird, hin. Die Trennung von *Impairment* und *Disability* ist ein „westliches" Konzept,[154] zumal „Behinderung" keine universelle Kategorie ist, da aus einer körperlichen Beeinträchtigung nicht notwendigerweise eine soziale Benachteiligung hervorgehen muss:

> Across continents and across centuries disabled people have often been considered unworthy, objects of pity and disgust, tragic or simply disposable. In some cultures, however, they have been credited with special powers to heal, as shamans or visionaries. Often subjected to violence and abuse, disabled people may also be integrated into communities and given a valued status.[155]

Durch Kolonialismus und Imperialismus wurde jedoch das medizinische Modell in die ehemaligen Kolonien importiert und die soziale Ordnung, innerhalb derer Körper organisiert waren, wurde durch eine neue Hierarchie

---

153 Connell, Raewyn: „Southern Bodies and Disability: re-thinking concepts". *Third World Quarterly* 32(8), 2011, S. 1372.
154 cf. Meekosha 2011, S. 672.
155 Connell 2011, S. 1370.

körperlicher Merkmale ersetzt. Die kapitalistische Ordnung, die Körper einteilt in solche, die als „gesund" und „leistungsfähig" angesehen werden und durch ihre Arbeit Profite erwirtschaften können und in „kranke" oder „behinderte" Körper, die auf staatliche Wohlfahrt angewiesen sind, wird durch neoliberale Globalisierungsprozesse und an „Entwicklung" orientierten Politiken weiter verbreitet.[156]

Neben der Universalismuskritik ist für postkoloniale *Disability Studies* die Auseinandersetzung mit der Rolle (neo)kolonialer Gewalt für die Produktion von körperlichen und kognitiven Beeinträchtigungen zentral. So argumentiert beispielsweise Helen Meekosha, dass die Auseinandersetzung mit „Behinderung" im globalen Süden nicht von der Auseinandersetzung mit (anti-)kolonialen Kriegen, bewaffneten Konflikten und internationalem Waffenhandel, dem Export von giftigen Abfällen, der Arbeit in *Sweatshops* und dem globalen Handel mit Medikamenten und Prothesen getrennt werden kann.[157] „Disability in the South is firmly linked to northern imperialism, centuries of colonization and globalization".[158] Sie weist damit darauf hin, wie sich globale Ungleichheiten und geopolitische Machtverhältnisse in Körper einschreiben. Sie übernimmt zwar die dichotome Konzeption von „Behinderung" des sozialen Modells, weist aber auf die politische Dimension von *Impairment* hin.

Für eine kritische Auseinandersetzung mit „Entwicklung" ist besonders der Artikel *Geodisability Knowledge Production and International Norms: a Sri Lankan case study* (2011) von Fiona Kumari Campbell ein spannender Ausgangspunkt. Sie kritisiert in dem Artikel den eurozentrischen Bias internationaler Normsetzung, vor allem in Bezug auf Beschlüsse und Konventionen der Vereinten Nationen im lokalen Kontext von Sri Lanka. Das durch die UN hervorgebrachte und reproduzierte Wissen bezeichnet Campbell aufgrund der inhärenten Zentrismen als *Geodisability Knowledge*, da es von einem spezifisch westlichen und geopolitischen Standpunkt geprägt ist.

I argue that the United Nations norm standard setting as a form of geodisability knowledge delimits and denotes the kinds of bodies known as disabled and that

---

156 cf. ibid., S. 1373-1378.
157 cf. Meekosha 2011, S. 674-677.
158 ibid., S. 671.

this epistemic culture of knowledge production reins in and thus controls anomalous, disabled bodies.[159]

Andere Formen von Wissen und Wissensproduktion werden durch diese internationalen Diskurse kolonisiert und lokale Verständnisse von „Behinderung" werden nicht in das *Geodisability Knowledge* intergriert. Campbell fasst diese internationale Normbildung als Form der Regierung von „Behinderung" auf, in der universelle Normen über „Behinderung" produziert werden.[160] Entwicklungsdiskurse operieren innerhalb dieser Normbildung und reproduzieren sie, sie bilden den diskursiven Rahmen, entlang derer politische Ansprüche rund um „Behinderung" artikuliert werden können.

> It is hard not to conclude that many of the representations of disablement in Sri Lanka are shaped and emerge from within a donor charity framework, making it difficult to source ‚genuine‘ indigenous ethical responses to difference and impairment.[161]

Für eine, sich als kritisch verstehende, Entwicklungforschung sind diese Zentrismuskritiken der postkolonialen *Disability Studies* ein zentraler Anhaltspunkt, um sich mit Diskursen über „Behinderung" und „Entwicklung" auseinanderzusetzen und „Entwicklung" mitsamt seiner Körperkonzeptionen und -politiken als kolonisierenden Diskurs zu hinterfragen.

Während postkoloniale *Disability Studies* eurozentrische Diskurse der *Disability Studies* offenlegen und kritisieren, laufen sie gleichzeitig auch immer wieder Gefahr vorkoloniale lokale Zusammenhange zu romantisieren oder sie als monolitisch und statisch zu konzipieren. Die von den Autor_innen formulierte Kritik an hegemonialen Epistemologien innerhalb der *Disability Studies* steht außerdem im Kontrast zu einer fehlenden Selbstverortung der Autor_innen, die ihre eigenen privilegierten Positionen, aus denen heraus sie sprechen, verschleiern.

Ein weiterer Kritikpunkt, der sowohl auf anthropologische, politökonomische als auch postkoloniale Auseinandersetzungen mit „Behinderung" im globalen Süden zutrifft, betrifft das darunterliegende Machtverständnis der einzelnen Ansätze. Alle drei Ansätze haben gemeinsam, dass sie

---

159 Campbell 2011, S. 1456.
160 cf. ibid., S. 1458.
161 ibid., S. 1464.

Macht in erster Linie als repressiv begreifen und in ihrer Auseinandersetzung mit der Dominanz des globalen Nordens die Handlungsmacht von
Menschen mit „Behinderung" im globalen Süden und ihre Widerstände
gegen globale Hegemonien nur wenig in den Blick bekommen. Das liegt
meines Erachtens unter anderem daran, dass die hier vorgestellten Ansätze größtenteils mit einem sozialen Modell von „Behinderung" arbeiten. Obwohl sie dieses Konzept umarbeiten und durchaus sensibel für
die Kritikpunkte hinsichtlich der vermeintlichen Natürlichkeit und Uni-
versalität von körperlicher Beeinträchtigung des sozialen Modells sind,
bleibt das Verständnis von „Behinderung" als essentialistische Identität
fortbestehen. „Behinderung" wird in diesen Ansätzen als Marker einer
unterdrückten oder marginalisierten Subjektivität gefasst. Auch wenn die
Autor_innen bemüht sind andere Differenzkategorien in ihre Analysen mit
aufzunehmen – allen voran Nirmala Erevelles in ihrer Auseinandersetzung
mit den Überschneidungen von „Rasse" und „Behinderung" – scheitern
sie daran, ein intersektionelles Paradigma in den *Disability Studies* zu
etablieren. Erevelles vertritt innerhalb der Intersektionalitätsdebatte den
Standpunkt, dass „Behinderung" konstitutiv für alle anderen Differenzkategorien sei, da „Behinderung" die Basis jeglicher Konstruktion von
(Ab-)Normalität sei.[162] Nur „Klasse" scheint bei Erevelles davon aus-
genommen zu sein und als Differenzkategorie „für sich" zu existieren.
Diesen Vorschlag, „Behinderung" als „Master-Kategorie" einzusetzen, ist
meiner Ansicht nach problematisch, da er trotz aller Überschneidungen
und Analogien zwischen „Behinderung" und anderen Differenzkategorien
die spezifischen Zuschreibungen und Inklusions-/ Exklusionsprozesse,
die mit „Behinderung" verbunden sind, verschleiert. Eine solche Position
macht es unmöglich, die Interdependenzen, aber auch Widersprüchlichkeiten, verschiedener Subjektpositionen zu erfassen. Wie auch die anderen
Autor_innen theoretisiert Erevelles „Behinderung" nur als unterdrückte
Subjektposition, wodurch es unmöglich ist, die Ambivalenzen der Inklusion von Menschen mit „Behinderung" zu erfassen. Indem die Autor_in-
nen „Behinderung" nur als Marker von Exklusion konzeptionalisieren,
vernachlässigen sie die Frage, welche inkludierende Wirkung Normen

---

162 cf. Erevelles 2011, S. 104.

haben können. Die Ansätze schaffen es zwar, verschiedene Faktoren der Einbettung von „Behinderung" in globale Ungleichheitsverhältnisse sichtbar zu machen und sind deshalb nicht zu unterschätzen, für eine Auseinandersetzung mit den exkludierenden und inkludierenden Effekten des *Inclusive-Development-Ansatzes* greifen sie jedoch zu kurz.

Kapitel 2: Cripping Development Studies. Auf der Suche nach einer Crip Theory von Entwicklung

> Crip is my favorite four-letter word.
> Succinct and blunt, profane to some, crip packs a punch.
> Crip is unapologetic. Audacious. Noncompliant.
> Crip takes pleasure in its boldness and utter disinterest
> in appearing ‚respectable' to the status quo.
> It's a powerful self-descriptor, a cultural signifier,
> and a challenge to anyone attempting to conceal disability
> off in the shadows.
> Crip is anti-assimilationist and proud of it.
> Crip is outspoken with no patience for nonsense.
> Crip is my culture and it's where I want to be.[163]

Für die Aktivistin und Autorin Caitlin Wood ist *Crip* Selbstbezeichnung, Kultur und politischer Standpunkt zugleich. Die Aneignung des Begriffs *Crip* geht dabei mit einer Bedeutungsverschiebung einher. Während der Begriff innerhalb des dominanten US-amerikanischen Kontextes abwertend und verletzend verwendet wird, nutzen politische Aktivist_innen und Theoretiker_innen die politische Schlagkraft des Begriffes, indem sie ihn als Selbstidentifikation mit neuen (positiven) Bedeutungen belegen und ihn nutzen, um die Normen „gesunder", „nicht-behinderter" Körper radikal herauszufordern. Der Versuch *Crip* und gleichermaßen *Crip Theory* in einem deutschsprachigen Raum für eine kritische Positionierung nutzbar zu machen, stößt mitunter auf Grund der fehlenden Übersetzung an seine Grenzen, geht doch zumindest jenes Moment der Aneignung und Umdeutung verloren wenn die Begriffe im Englischen belassen werden. Dabei lässt sich *Crip* durchaus zu widerständigen Bewegungen von Menschen mit „Behinderung/en" im deutschsprachigen Raum – wie etwa den Krüppelbewegungen in Deutschland und Österreich – in Bezug setzen, die sich in den 1970er Jahren formiert haben und

---

163 Wood, Caitlin: „Introduction – Criptiques: A Daring Space". In: ibid. (Hrsg.): *Criptiques*. o.O.: May Day Publishing 2014, S. 1-2.

sich gegen medizinische Autorität, Bevormundung, Rehabilitationszwang, Integration, Assimilation, Aussonderung und Institutionalisierung positionierten und so die normative Ordnung herausforderten. Eine Vielzahl ihrer öffentlichen Aktionen fanden dabei rund um das als paternalistisch wahrgenommene „Internationale Jahr der Behinderten" der Vereinten Nationen 1981 statt. So wurde unter dem Motto „Jedem Krüppel seinen Knüppel" die offizielle Eröffnungsveranstaltung in der Dortmunder Westfalenhalle gestört, während in Wien der Zugang zum Festakt in der Hofburg durch Rollstuhlfahrer_innen blockiert wurde. Weitere historische Referenzpunkte sind das „Krüppeltribunal" in Düsseldorf, aber auch die Verleihungen der „Goldenen Krücke" in Deutschland und Österreich. „Krüppel" ist dabei nicht der einzige Begriff beziehungsweise die einzige (verweigerte) Sprech- und Subjektposition, die innerhalb des politischen Aktivismus beständig wieder angeeignet wurde und wird. Ähnlich steht es um Bezeichnungen wie „verrückt", „Freak" oder „krank". Heute scheint diese Begriffsaneignung im Gegensatz zu den 1970er und 1980er Jahren weitestgehend wieder aus dem politischen Vokabular der sozialen Bewegungen verschwunden zu sein. Trotzdem oder gerade deshalb richtete sich der Einladungstext der Berliner *Disability & Mad Pride Parade* 2013 und 2014 an „Freaks und Krüppel, Verrückte und Lahme, Eigensinnige und Blinde, Kranke und Normalgestörte"[164].

Mit *Crip Theory* bezeichnet Rober McRuer ein Theoriekonzept[165], das eben jene radikale Positionalität zum Ausgangspunkt von Theoriebildung und Gesellschaftskritik heranzieht. Auf theoretischer Ebene vereint *Crip Theory* dabei die Perspektiven der *Disability Studies*, der *Queer Theory* und Elemente postkolonialer Kritik und erweitert diese gleichermaßen. Innerhalb der deutschsprachigen *Disability Studies* (von Entwicklungsforschung ganz zu schweigen) ist diese Auseinandersetzung bislang jedoch stark unterrepräsentiert.

---

164 cf. 2. Berliner Disability + Mad Pride Parade: *Darum geht's/ About*. Letzter Zugriff: 18.12.2013, http://pride-parade.de/text.html.

165 McRuer ist bei weitem nicht der einzige Theoretiker, der mit *Crip Theory* arbeitet, er hat diesen Begriff jedoch durch sein 2006 veröffentlichtes, gleichnamiges Buch maßgeblich geprägt.

Dis/ability Trouble, Performativität und die Prekarität von „Nicht-Behinderung"

Crip artikuliert nicht nur eine widerständige Position gegenüber medizinischer Autorität, Pathologisierung und Rehabilitation, sondern fordert auch die Binarität von „Behinderung" und „Nicht-Behinderung" und die damit verbundenen Normierungen heraus. Dass sich *Crip Theory* dabei an Konzepten und Theoremen der *Queer Theory* abarbeitet und diese versucht für die eigene Forschung nutzbar zu machen, zeigt sich inbesondere in der Übernahme und Abwandlung des theoretischen Vokabulars, wie sich im Folgenden zeigen wird. *Crip* verabschiedet sich von der Vorstellung, Körper ohne weiteres in „behinderte" und „nicht-behinderte" einteilen zu können. „[...] claiming to be crip dissents from the binary division of the world into able-bodied and disabled – or, rather, affirms the collective crip dissent from that division."[166] *Coming out crip* ist in diesem Sinne ein politischer Akt. McRuer betont jedoch, dass eine Identifikation als oder mit *Crip* nicht dazu führen darf, die Privilegien, die mit *Able-Bodiedness* verbunden sind, zu negieren, weshalb sich *Crip Theory* skeptisch gegenüber Aussagen zeigt, die implizieren, dass alle Menschen irgendwie „behindert" seien. Solche Aussagen begründen zwar auch einen Zweifel gegenüber der Dichotomie „behindert"/„nicht-behindert", laufen aber Gefahr, „Behinderung" zu universalisieren und dabei Privilegien, die „nicht-behinderten" Menschen zukommen, zu verschleiern. „In some very important ways, we are in fact *not* all queer/disabled."[167] Viel mehr noch lässt das Argument, dass „Behinderung" die universellste aller menschlichen Konditionen sei, die Auswirkungen von Arbeitsverhältnissen, Klassenpositionierungen, geopolitischen Situierungen und Rassismuserfahrungen auf einzelne Körper unter den Tisch fallen. Wie Alison Kafer festhält: „[...] disability is more fundamental, more inevitable, for some more than others"[168].

Crip Theory setzt genau an diesem Spannungsfeld an, die Dichotomie „Behinderung"/„Nicht-Behinderung" zu dekonstruieren und zugleich die damit verbundenen Formen der Diskriminierung und Privilegierung

---

166 McRuer 2006b, S. 36-37.
167 ibid., S. 157. [Hervorhebung im Original]
168 Kafer 2013, S. 26.

Moreover, as with heterosexuality, this repetition is bound to fail, as the ideal able-bodied identity can never, once and for all, be achieved. Able-bodied identity and heterosexual identity are linked in their mutual incomprehensibility – they are incomprehensible in that each is an identity that is simultaneously the ground on which all identities supposedly rest and an impressive achievement that is always deferred and thus never really guaranteed.[177]

Eine kohärente und widerspruchsfreie Identifikation mit „Nicht-Behinderung" ist demnach nicht möglich. Wobei es genau diese Unmöglichkeit ist, die die Hegemonie von „Nicht-Behinderung" prekär macht und dadurch das ständige Zitieren ihrer Normen umso stärker forciert.[178] Aufgrund dieser paradoxen Unmöglichkeit spricht Robert McRuer in Anlehnung an Judith Butlers Konzept des *Gender Trouble*[179] von *Ability Trouble*.[180] Bedenkt man jedoch die Herausforderung der Kategorie „Behinderung" selbst, müsste konsequenter Weise von *Dis/ability Trouble* die Rede sein.

Aufgrund dieser Konzeption von „Behinderung" und „Nicht-Behinderung" zeigt sich *Crip Theory* – ähnlich wie auch *Queer Theory* – skeptisch gegenüber Identitätspolitiken. *Crip Theory* kritisiert essentialistische Identitätskonzeptionen und die gewaltsamen Ausschlüsse identitätspolitischer Ansätze und demonstriert stattdessen die Fluidität und Performativität von Identität. Robert McRuer betont jedoch, dass die Kritik an Identitätslogiken nicht bedeutet, dass Identitätspolitiken vollständig verworfen werden können, denn „[...] coming out crip at times involves embracing and at times disidentifying with the most familiar kinds of identity politics".[181] Durch die skeptische Distanz zu Identititätslogiken setzt *Crip* aber dazu an, die der Behindertenbewegung und den *Disability Studies* inhärenten Normen herauszufordern und Hierarchien entlang verschiedener Differenzachsen zu benennen.

---

177 McRuer 2006a, S. 304.
178 cf. McRuer 2006b, S. 31.
179 „Gender Trouble" ist zugleich der Titel von Judith Butlers 1990 veröffentlichtem Buch, in dem sie das Konzept der Performativität von Geschlecht entwickelt. In der deutschsprachigen Übersetzung ist das Buch unter dem Titel „Das Unbehagen der Geschlechter" erstmals 1991 erschienen.
180 cf. McRuer 2006b, S. 10.
181 ibid., S. 57.

Subjektpositionen und Erfahrungen als die Kategorie „Behinderung". „[...] the term cripple, like queer, is fluid and ever-changing, claimed by those whom it did not originally define."[172]

Die Verbindungen zwischen *Queer Theory* und *Crip Theory* werden darüber hinaus besonders in der Übernahme kritischer Theoriekonzepte und -bezeichnungen deutlich. In Anlehnung an Adrienne Richs Konzept der *Compulsory Heterosexuality*[173] entwickelt Robert McRuer das Konzept der *Compulsory Able-Bodiedness*, mit dem er den Zwangscharakter der Norm zur „Nicht-Behinderung" beschreibt. Dieser gesellschaftliche Zwang zu „Nicht-Behinderung" oder *Able-Bodiedness* (und *Able-Mindedness*) ist für McRuer eng verknüpft mit dem Zwang zur Heterosexualität; die beiden Systeme bedingen einander.[174] Sowohl „Nicht-Behinderung" als auch Heterosexualität werden durch diese Systeme naturalisiert, wodurch die damit verbundenen Privilegien nicht mehr als solche benannt werden können, sondern als „naturgegeben" erscheinen. „Able-bodiedness, even more than heterosexuality, still largely masquerades as a nonidentity, as the natural order of things".[175] *Compulsory Heterosexuality* und *Compulsory Able-Bodiedness* zwingen uns dazu, die Normen von Heterosexualität und „Nicht-Behinderung" andauernd zu zitieren. In diesem Sinne ist „(Nicht)Behinderung" performativ.[176] Gleichzeitig betont McRuer, dass das Ideal der „nicht-behinderten" Identität nie erreicht werden kann und die Performanz dieser Identität deshalb zwangsläufig immer scheitern muss.

---

172 Sandahl, Carrie: „Queering the Crip or Cripping the Queer? Intersections of Queer and Crip Identities in Solo Autobiographical Performance". In: *GLQ: A Journal of Lesbian and Gay Studies* 9(1-2), 2003, S. 27.

173 In ihrem 1980 veröffentlichten Essay „Compulsory Heterosexuality and Lesbian Existence" agrumentiert Adrienne Rich, dass Heterosexualität nicht „natürlich" ist, sondern vielmehr als gesellschaftliche Institution fungiert, die männliche* Dominanz gegenüber Frauen* legitimiert und die Existenz von Lesben* verschleiert oder negiert.

174 cf. McRuer, Robert: „Compulsory Able-Bodiedness and Queer/Disabled Existence". In: Lennard, Davis J. (Hrsg.): *The Disability Studies Reader. Second Edition*. New York University Press: New York/ London 2006a, S. 301-308.

175 McRuer 2006b, S. 1.

176 cf. ibid., S. 9-10.

sichtbar zu halten, während gleichzeitig der Blick auf die Durchkreuzungen und Verwebungen unterschiedlicher Machtverhältnisse geschärft wird.

Im Gegensatz zu den klassischen Theoremen der *Disability Studies* erweitert *Crip* die Analyse und verweist auf die Unabgeschlossenheit und Bedeutungsoffenheit der Kategorie „Behinderung". Simi Linton, die, wie eingangs erwähnt, eine der Begründerinnen der US-amerikanischen *Disability Studies* ist, hat bereits 1998 den Grundstein für eine Ausweitung der Analysekategorie „Behinderung" gelegt, wenn sie schreibt:

> We are everywhere these days, wheeling and loping down the street, tapping our canes, sucking on our breathing tubes, following our guide dogs, puffing and sipping on the mouth sticks that propel our motorized chairs. We may drool, hear voices, speak in staccato syllables, wear catheters to collect our urine, or live with a compromised immune system.[169]

Linton bezieht sich dabei nicht nur auf klassische Imaginationen von abweichenden Körpern und Vorstellungen von „Behinderung", sondern eröffnet auch die Möglichkeit, Immunsystemschwächen und HIV/Aids im Rahmen von *Disability Studies* zu diskutieren. *Crip Theory* greift diese Denkbewegung auf und erweitert die Kategorie beständig, so dass auch chronische Schmerzen, degenerative Erkrankungen, toxikologische Unverträglichkeiten und psychiatrische Symptome Eingang in die Analyse finden. *Crip* bezieht sich dabei auf die kontinuierliche Bedeutungsverschiebung von „Behinderung" selbst und fragt nach den soziokulturellen Bedingungen, die den „behinderten" Körper intelligibel machen und bestimmen, was als „Behinderung" gilt.[170] Anna Mollow betont mit ihrem Konzept der *Undocumented Disabilities*[171] dabei die Notwendigkeit, nach eben jenen unsichtbaren, nicht intelligiblen Körpern zu fragen, deren Symptome als „hysterisch" oder „hypochondrisch" abgetan werden oder die im Rahmen hegemonialer westlicher Medizin nicht fassbar, definierbar oder diagnostizierbar sind. *Crip* inkludiert dabei durch seine Fluidität und Offenheit potentiell weitere

---

169 Linton, Simi: *Claiming Disability. Knowledge and Identity*. New York University Press: New York/ London 1998b, S. 4.

170 cf. Campbell 2013, S. 211.

171 Mollow, Anna: „Criphystemologies: What Disability Theory Needs to Know about Hysteria". In: *Journal of Literary & Cultural Disability Studies* 8(2), 2014, S. 185-201.

Crip Killjoys, Kritik an Inklusionspolitiken und Körper jenseits der Grenze(n)

Crip Theory setzt damit eine kritische Intervention in den Kanon der *Disability Studies*. Sie hinterfragt deren Fokus auf Identität und staatliche Inklusion und formuliert stattdessen eine Kritik an gewaltsamen Ausschlüssen, die mit identitätspolitischen Integrationsforderungen in neoliberale Verhältnisse einhergehen. *Crip Theory* kritisiert den nationalstaatlichen und identitätsbasierten Fokus der klassischen *Disability Studies* und warnt davor, metropolitane „behinderte" Identitäten zu universalisieren. Stattdessen fordert McRuer dazu auf, „[...] to sustain a necessary caution as we look elsewhere, recognizing that we might not find 'disability' or the able-bodied-disabled binary as we think we know them in other places (or time periods)"[182]. Viel mehr noch ruft *Crip Theory* dazu auf, eben jene metropolitanen Identitätsentwürfe zu dekonstruieren und sich den Körpern zuzuwenden, die außerhalb nationalstaatlicher und identitärer Grenzen verortet sind und innerhalb eines nationalistischen und identitätsbasierten Konzepts von „Behinderung" nicht intelligibel sind.[183] *Crip Theory* kann in diesem Sinne als Grenzarbeit verstanden werden, die dazu ansetzt, die geopolitische Ordnung, in der Konzepte von Identität und Nation sinnstiftend werden, als gewaltsames Moment der Formierung und Disziplinierung von „behinderten" Körpern zu diskutieren und so „Behinderung" gleichsam zu entgrenzen. Dadurch setzt *Crip Theory* die Perspektiven anthropologischer, politökonomischer und postkolonialer *Disability Studies* in einen produktiven Dialog miteinander und destabilisiert diese gleichermaßen. Denn ein zentraler Abgrenzungsmoment von *Crip Theory* zu den klassischen *Disability Studies* findet sich in der Konzeption und Kritik an nationalstaatlich orientierten Inklusionspolitiken und den damit einhergehenden Prozessen der Normalisierung einerseits und fortgeschriebenen Prozessen der Ausgrenzung und Verwerfung andererseits.

---

182 McRuer, Robert: „Disability Nationalism in Crip Times". In: *Journal of Literary & Cultural Disability Studies* 4(2), 2010, S. 171.

183 Johnson, Merri Lisa/ McRuer, Robert: „Cripistemologies: Introduction". In: *Journal of Literary & Cultural Disability Studies* 8(2), 2014, S. 128-129.

In seinem Essay „Disability Nationalism in Crip Times"[184] kritisiert McRuer den ungebrochenen Glauben vieler Disability-Studies-Theoretiker_innen an die Versprechungen staatlicher Inklusion. Er zeichnet dafür zunächst eine auf den US-amerikanischen Raum bezogene Genealogie postkolonialer und queerer Ideengeschichte nach und vergleicht diese mit der Theoriebildung innerhalb der Disability Studies. Während sich die Disability Studies ähnlich wie auch die Queer Theory der Dekonstruktion von Binaritäten gewidmet haben, konstatiert McRuer im Vergleich zu queerer Theoriebildung den Disability Studies eine fehlende kritische Auseinandersetzung mit Identitätslogiken und nationalsstaatlichen Inklusionspolitiken.

McRuer argumentiert, dass eine Auseinandersetzung mit der Frage zentral ist, welche „behinderten" Subjekte zu welchem Zeitpunkt von Inklusionspolitiken angerufen werden und zu welchem Preis (oder auf wessen Kosten) dies geschieht, um die Ambivalenzen biopolitischer Inkorporationsstrategien kritisieren zu können.

> [...] disability studies does not yet have a necessary recognition of uneven biopolitical incorporation – an awareness [...] of disabled subjects who in certain times and places are made representative and 'targeted for life' even as others are disabled in different ways, or cripped, or targeted for death.[185]

In und durch diese biopolitische Inkorporation von „guten behinderten" Subjekten in die imaginierte nationale Gemeinschaft werden rassistische, kolonialisierende Grenzziehungen fortgeschrieben und gleichzeitig ableistische Diskurse und Praktiken reformuliert. McRuer distanziert sich davon, Menschen mit „Behinderung/en" per se als Subalterne zu konzipieren – eine Vorstellung, die in den anderen, in dieser Arbeit vorgestellten, Ansätzen vorherrscht – sondern fragt vielmehr nach den Bedingungen, unter denen Menschen mit „Behinderung/en" in den Nationalstaat integriert werden und welche Ausschlüsse durch eine solche Inklusion hervorgebracht werden.

Eine besonders produktive Destabilisierung der Binarität „behindert"/ „nicht-behindert" und eine kritische Diskussion ihrer Einbettung in neoliberale, kapitalistische Verhältnisse findet sich in den rezenten Arbeiten von Jasbir Puar. Puar stellt dar, dass sowohl Theorien der klassischen Disability

---

184 Dieser Titel ist ebenfalls eine Anspielung, in diesem Fall auf Jasbir Puars Buch Terrorist Assemblages. Homonationalism in Queer Times (2007).
185 McRuer 2010, S. 171.

Studies als auch Behindertenbewegungen, die mit dem Festhalten an der Dichotomie „behindert"/„nicht-behindert" auf Theorien der Differenz fokussieren und „Behinderung" als nicht-normativ setzen, ein Identitätsverständnis von „Behinderung" reproduzieren, das nur privilegierte Subjekte innehaben können.[186] Sie argumentiert stattdessen für ein Konzept der Debilität (*debility*), das durch einen Fokus auf prekarisierte Subjekte und Körper die liberale Inklusionsrhetorik der *Disability Studies* herausfordert. Statt Inklusion als Ziel und epistemologische Grundlage der *Disability Studies* zu verstehen, geht Puar davon aus, dass jegliche Form der Inklusion immer auch mit neuen Formen der Exklusion einhergeht. Sie geht daher immer wieder der Frage nach, wie Politiken der Inklusion darauf abzielen, „behinderte" Subjekte marktwirtschaftlichen Logiken zu unterwerfen und zu neoliberalen Konsument_innen zu machen, während gleichzeitig eben jene transnationalen kapitalistischen Verhältnisse, in die hinein inkludiert werden soll, die Verletzung, „Debilitierung" und „Behinderung" bestimmter (nicht-*weißer*, nicht-westlicher) Subjekte erfordert. Versprechungen von Inklusion, Zugänglichkeit, Gesundheit, körperlicher Integrität, Verbesserung und Fortschritt gehen demnach Hand in Hand mit der Verwerfung, Ausbeutung und Verletzung anderer Körper.

> [...] other bodies are employed in the production processes precisely because they are deemed available for injury – they are, in other words, expendable, bodies whose debilitation is required in order to sustain capitalist narratives of progress.[187]

McRuer spricht deshalb in Anlehnung an Jasbir Puars Konzept des Homonationalismus von einem aufkommenden *Disability Nationalism*, der innerhalb der *Disability Studies* bislang keine Beachtung gefunden hat. Speziell für die Analyse von Inklusiver Entwicklung scheint eine solche Perspektive, die danach fragt, unter welchen Bedingungen „behinderte" Subjekte anerkannt und inkludiert werden, jedoch vonnöten zu sein.

McRuer argumentiert, dass die Inkorporation in neoliberale Ökonomien gleichzeitig immer auch mit einer Normalisierung von „Behinderung"

---

186 Puar, Jasbir: „CODA: The Cost of Getting Better. Suicide, Sensations, Switchpoints". In: *GLQ: A Journal of Lesbian and Gay Studies* 18(1), 2011, S. 153.
187 Puar, Jasbir: „Prognosis time: Towards a geopolitics of affect, debility and capacity". In: *Women & Performance: a journal of feminist theory* 19(2), 2009, S. 168.

einhergeht.[188] Denn die kulturelle kapitalistische Ordnung bringt nicht nur eine gewaltsame Formierung und Disziplinierung „behinderter" Körper mit sich, sondern zwingt laut McRuer „behinderte" Subjekte durch einen „rehabilitativen Vertrag" und die Versprechungen der Integration und Inklusion zu Konformität und Konsens.[189] In einer solchen Denkbewegung setzt *Crip Theory* nicht dazu an, den Wunsch und das Begehren nach Rehabilitation einzelner Subjekte zu delegitimieren, sondern vielmehr die kulturelle Ordnung zu hinterfragen, die Rehabilitation als die einzige positive Zukunftsvision für ein Leben mit „Behinderung" imaginieren kann. Alison Kafer spricht deswegen auch von einer kurativen Imagination *(Curative Imagination)*: „[...] an understanding of disability that not only *expects* and *assumes* intervention but also cannot imagine or comprehend anything other than intervention"[190]. *Crip Theory* verweigert sich diesem Zwang zur Rehabilitation und entzieht sich den (fatalen) Glücksversprechen neoliberaler Inklusion: „If a cruelly optimistic culture insists that we fake it till we make it, the crip killjoy refuses to play along"[191]. Der *Crip Killjoy* ist, wie bereits das Zitat von Caitlin Wood zu Beginn des Kapitels andeutet, unangepasst und dreist, formuliert Kritik an bestehenden Verhältnissen und sucht gleichzeitig nach Alternativen und Gegenkonzepten jenseits von Inklusion, Normalisierung und Ausbeutung.

Insbesondere die, der *Crip Theory* zugrunde liegende, Kritik an neoliberaler Globalisierung und der ihr inhärenten Gewalt macht sie für das theoretische Unterfangen der Entwicklungskritik besonders brauchbar. Epistemologien von *Cripness* sind dabei zentraler Ausgangspunkt der Kritik. Alison Kafer verweist in diesem Zusammenhang auf McRuer: „[...] the crip call is not to become normate".[192]

Cripistemologie als Wissen im Sitzen und in Relation

Wie über „(Nicht-)Behinderung" gewusst wird und wer Zugang zu einem solchen Wissen hat oder vielmehr noch welches Wissen als „legitim" und

---

188 cf. McRuer 2006b, S. 5.
189 cf. ibid., S. 112-113.
190 Kafer 2013, S. 27.
191 Johnson/McRuer 2014, S. 136.
192 McRuer 2006b zit. nach Kafer 2013, S. 33.

„wissenschaftlich" anerkannt wird, sind zentrale epistemologische Fragestellungen, die die *Disability Studies* seit ihrem Beginn begleiten. Den gemeinsamen Ausgangspunkt bildet dabei die Feststellung, dass Menschen mit „Behinderung/en" in wissenschaftlichen Diskursen häufig nur Objekte der Forschung waren und sind. Eine von den *Disability Studies* ausgehende Wissenschaftskritik setzt sich daher einerseits zum Ziel, für die Anerkennung von Menschen mit „Behinderung/en" als Subjekte von Forschung zu kämpfen, andererseits aber auch die Grundlagen dessen, was als Wissenschaft gilt, selbst hinsichtlich der ihr eingeschriebenen Vorstellungen von „körperlicher" und „geistiger Normalität" zu hinterfragen. In diesem Zusammenhang legt Magret Price eindrucksvoll dar, wie die aufklärerischen Grundpfeiler der Wissenschaft – Rationalität, Kohärenz, Kritikfähigkeit, Partizipation, Produktivität und Unabhängigkeit – auf „nicht-behinderten" Normen beruhen und Menschen mit „Behinderung/en" ausschließen.[193]

Eine Perspektive aus Sicht der *Crip Theory* auf Epistemologien und Wissenschaftskritik grenzt sich von den klassischen Wissensbeständen und Zugängen der *Disability Studies* ab, in denen „Behinderung" selbst zur Wissenskategorie wird und vertritt stattdessen eine Position des Verlernens hegemonialen Wissens, die nicht nur mit dem Ziel antritt, dominantes Wissen über „Behinderung" herauszufordern, sondern die Prämisse, dass „Behinderung" (objektiv und umfassend) gewusst werden kann, in Frage stellt: „[...] [to challenge] subjects who confidently "know" about "disability," as though it could be a thoroughly comprehended object of knowledge."[194]

In erneuter Referenz auf Judith Butler und ihr Verständnis von *Queerness* als Politisierung von Verworfenheit und Umarbeitung von Abjektion zu politischer Handlungsmacht, das sie mit dem Begriff „critically queer"[195] zusammenfasst, entwickelt McRuer ausgehend von seinem Verständnis von Normalität und „Behinderung" eine Position, die er als „schwer(st)behindert" (*„severely disabled"*) bezeichnet. Ähnlich wie auch schon der Begriff *Crip*, versteht er „schwer(st)behindert" als eine radikale Positionalität, die

---

193 cf. Price, Margaret: *Mad at School. Rhetorics of Mental Disability and Academic Life.* The University of Michigan Press: Ann Arbor 2011.

194 Johnson/ McRuer 2014, S. 130.

195 cf. Butler, Judith: „Critically Queer". In: *GLQ: A Journal of Lesbian & Gay Studies* 1(1), 1993, S. 17-32.

die sozialen Normen der „Nicht-Behinderung" in Frage stellt und die gesellschaftliche Zuschreibung an „schwer(st)behinderte" Körper umdreht, indem jene soziale Verworfenheit in politische Handlungsfähigkeit überführt wird. McRuer argumentiert, dass eine solche Perspektive herausstellt, dass insbesondere Körper, die durch „Behinderung" markiert sind, aus ihrer Situiertheit heraus Normen und Normalisierungsprozesse herausfordern und kritisieren können.

> 'Severely disabled', in such a queer conception, would reverse the able-bodied understanding of severely disabled bodies as the most marginalized, the most excluded from a privileged and always elusive normalcy, and would instead suggest that it is precisely those bodies that are best positioned to refuse 'mere tolerance' and to call out the inadequacies of compulsory able-bodiedness.[196]

Eine solche Positionalität erkennt einerseits die spezifische soziale Positioniertheit „behinderter" Körper und Subjekte an, verweist aber gleichzeitig darauf, dass die Kritik an hegemonialer *Able-Bodiedness* kein epistemologischer Automatismus ist, den Menschen mit „Behinderung" qua ihrer „Natur" innehaben. Damit betont *Crip Theory* zwar die (politische und strategische) Notwendigkeit feministischer Stand- beziehungsweise Sitzpunkttheorien[197] hinsichtlich ihrer Bezweiflung wissenschaftlicher Objektivität und Wertefreiheit, der Herausarbeitung der Situiertheit von Wissen und vor allem der Betonung von gelebten Erfahrungen als Ausgangspunkt für Wissen. Gleichzeitig macht sie aber auch auf die Gefahr aufmerksam in einen epistemischen Essentialismus zu verfallen, wenn bestimmte Erkenntnismöglichkeiten ausschließlich als auf Menschen mit „Behinderung" beschränkt gedacht werden. Eine solche epistemologische Perspektive baut nicht nur auf einer Idee von „Authentizität"[198] auf, sie birgt auch die Gefahr,

---

196 McRuer 2006a, S. 306.
197 Rosemarie Garland-Thomson, eine der meist rezipierten Theoretiker_innen für das Feld der feministischen *Disability Studies*, hat den Begriff der *Sitpoint Theory* geprägt, um die ableistischen Grundlagen feministischer Standpunkttheorien zu hinterfragen. cf. Garland-Thomson, Rosemarie: „Integrating Disability, Transforming Feminist Theory". In: *NWSA Journal* 14(3), 2002, S. 21.
198 Der Zwang zur „Authentizität" richtet sich dabei immer nur an die Anderen der hegemonialen Ordnung und reproduziert die Idee eines essentiellen Kerns von Identität, wobei Angehörige der dominanten Kultur bestimmen, was als authentisches Anderssein gilt.

dass sich „nicht-behinderte" privilegierte Subjekte mit dem Verweis auf ihre eigene identitäre Verortung und die vermeintlich daraus resultierende Unmöglichkeit, über „Behinderung" zu sprechen oder etwas über sie zu wissen, der Verantwortung entziehen. Janet Price und Margit Shildrick schreiben dazu:

> What we reject, however, is the suggestion that disability is not an issue for non-disabled people, and that there is some privileged standpoint from which disabled people only can speak – as though theirs is the only 'authentic' understanding of the specific embodiments in question.[199]

Aufbauend auf diesen Gedanken entwerfen Merri Lisa Johnson und Robert McRuer in ihrem Versuch eine *Cripistemologie* zu skizzieren einen epistemologischen Zugang, der Intersubjektivität und Relationalität in den Mittelpunkt stellt.

> Cripistemology, as we imagine it, does not assume epistemic privilege for the disabled person [...]. Nor does cripistemology restrict epistemic privilege to the disabled person [...] the production of knowledge about disability comes not only from being disabled but from *being with and near* disability, thinking through disabled sensations and situations, whether yours or your friend's.[200]

Damit beziehen sie sich dezidiert auf die Arbeiten Schwarzer Feministinnen, *Queers of Color*, und insbesondere auf Audre Lorde, die in ihren Krebstagebüchern nicht nur über die Möglichkeit schreibt, ihre Krankheit und die damit verbundenen Erfahrungen zur Waffe zu machen, sondern auch über neue Möglichkeiten der Allianzbildung, der Solidarität und der Kollektivität jenseits geteilter (verkörperter) Erfahrung nachdenkt.[201] Auch für McRuer und Johnson kann Wissen über „Behinderung" demnach sowohl verkörpert als auch intersubjektiv und relational sein.

Für die wissenschaftliche Forschungspraxis bedeutet die Auseinandersetzung mit diesen kritischen Positionen einerseits die eigene Positionierung innerhalb sozialer Machtverhältnisse zu reflektieren und diese nicht nur als erkenntnisleitendes und erkenntnisbegrenzendes Moment zu begreifen,

---

199   Price, Janet/ Shildrick, Margrit: „Bodies Together: Touch, Ethics and Disability". In: Corker, Mairan/ Shakespeare, Tom (Hg.): *Disability/ Postmodernity*. Continuum: London/ New York 2002, S. 64.
200   Johnson/ McRuer 2014, S. 141. [Hervorhebung im Original]
201   cf. Lorde, Audre: *The Cancer Journals*. Aunt Lute: San Francisco 1980.

sondern auch die Verantwortung, die aus dieser Positioniertheit erwächst, in die Forschung zu tragen. Epistemologie und Ethik liegen hier nahe beieinander. Denn die Übernahme analytischer Konzepte der *Crip Theory* in die empirische Forschungspraxis allein ist noch kein Garant für eine (herrschafts-)kritische Forschung, vielmehr muss die eigene Verstrickung in (wissenschaftliche) Diskurse und deren Ausschlussmechanismen erkannt und bearbeitet werden. Andererseits heißt es aber auch, hegemoniale und privilegierte Wissensbestände zu verlernen, Entgrenzungsarbeit am eigenen Wahrnehmungshorizont zu leisten, westliche Universalismusansprüche zu dezentrieren, epistemische Hegemonien zu attackieren und dabei die Anerkennung intersubjektiver Differenzen zum Ausgangspunkt strategischer Allianzbildung zu machen. Es geht dabei nicht mehr um ein Sprechen über, sondern um ein „speaking nearby"[202] und in Beziehung zueinander.

Crip Reading von „Entwicklung"

Mit Bezug auf meine eingangs formulierten Forschungsfragen möchte ich im Folgenden die theoretischen Konzepte und Perspektiven zusammenführen und diese in eine methodische Herangehensweise übersetzen, die für eine Analyse entwicklungspolitischer Texte entfaltet werden kann.

Theoretisch bewegt sich meine Verortung an der Schnittstelle feministischer, postkolonialer und post-developmentalistischer Entwicklungskritik, die ich mit den Ansätzen der *Crip Theory* verweben möchte, um die bestehenden Leerstellen der Adressierung von „Behinderung", Normativität und *Able-Bodiedness* im Entwicklungsdiskurs ein Stück weit zu schließen.

Meine Analyse folgt dabei den Auseinandersetzungen mit feministischer, postkolonialer und post-developmentalistischer Entwicklungskritik und baut auf einem Verständnis von Entwicklung als machtvollem Diskurs auf, in dem ein spezifisches „Wissen" über die „Anderen" generiert wird, durch welches diese hervorgebracht und reguliert werden. Diese Wissensproduktion verstehe ich dabei als identitätsstiftend für das Eigene, das

---

202 Mit den Worten „I do not intend to speak about, just speak nearby" eröffnet die postkoloniale Theoretikerin und Filmemacherin Trinh Thi Minh-ha ihren Film „Reassamblage" (1982), in dem sie sich mit der Gewalt des ethnographischen Blickes auseinandersetzt.

sich in Abgrenzung von der Repräsentation des Anderen herstellt. Körper fungieren innerhalb dieses Diskurses als Grenzmarker, über die diese Abgrenzungs- und Identitätsbildungsprozesse verhandelt werden. Einen Schwerpunkt dieses Buches bildet deshalb die kritische Auseinandersetzung mit der Wissensproduktion über „Behinderung" innerhalb des Diskurses über Inklusive Entwicklung. Ausgehend von den Theoremen der *Crip Theory* frage ich dabei danach, wie in diesem Diskurs die Binarität „behindert"/ „nicht-behindert" reproduziert und die damit verbundenen Subjektivitäten performativ hervorgebracht werden. Zentral ist dabei die Frage, wo und wie die Norm der „Nicht-Behinderung" den Diskurs durchzieht.

Mit Bezug auf Fergusons und De Vries' Metaphern von Entwicklung als Anti-Politik-Maschine einerseits und Wunsch-Maschine andererseits, frage ich danach, welche depolitisierenden Effekte mit dem Sprechen über „Entwicklung" einhergehen und beleuchte gleichzeitig, welches Begehren nach „Entwicklung" im Entwicklungsdiskurs produziert wird. Für eine Analyse des Diskurses über Inklusive Entwicklung bedeutet diese theoretische Setzung, dass ich danach frage, wie „Behinderung" in den Entwicklungsapparat mitsamt seiner technokratisierenden und depolitisierenden Effekte eingebettet wird und wie dieser Apparat sich über die Produktion eines Begehrens nach dem Versprechen von Inklusion aufrechterhalten kann. Ausgehend von *Crip Theory* versuche ich die identitätslogischen Setzungen und gewaltsamen Ausschlüsse eines solchen Inklusionsversprechens zu identifizieren, um dessen Ambivalenzen herauszuarbeiten.

Insbesondere durch das Aufgreifen der *Crip Theory* lässt sich meine eingangs formulierte Forschungsfrage, inwiefern pathologisierende Vorstellungen von „Behinderung" im Diskurs über Inklusive Entwicklung in Frage gestellt oder aufgebrochen werden, umformulieren zu der Frage, ob Inklusive Entwicklung ein *Cripping* von „Entwicklung" darstellt und wo sich solche Momente finden lassen. Im Anschluss an Robert McRuer und Carrie Sandahl verstehe ich *Cripping* dabei als eine Bedeutungsverschiebung, die Räume öffnet, Körper anders zu imaginieren, wobei dominante Verständnisse von „Behinderung" und „Befähigung" herausgefordert und transformiert werden.

> Cripping spins mainstream representations or practices to reveal able-bodied assumptions and exclusionary effects [...] [to] expose the arbitrary delineation between normal and defective and the negative social ramifications of attempts

to homogenize humanity, and both disarm what is painful with wicked humor, including camp.[203]

Cripping sucht in diesem Sinne immer auch nach Alternativen zum Bestehenden und fragt nach pluralistischen Zukunftsentwürfen. Ausgehend von diesen Überlegungen lassen sich die Fragen formulieren, welche Körper durch den Entwicklungsdiskurs hervorgebracht werden, wie der Entwicklungsdiskurs Körper formt und reguliert, welche Körper innerhalb dieses Diskurses denkbar und intelligibel sind und welche Zentrismen sich dort einschreiben. Der Titel dieser Arbeit, „Cripping Development?", ist in diesem Sinne als kritische Frage zu verstehen, die den Blick auf mögliche Bedeutungsverschiebungen durch die Inklusion von „Behinderung" in den Entwicklungsdiskurs richtet. Um der Frage nachzugehen, ob und wo durch inklusive Entwicklungszusammenarbeit eine Bedeutungsverschiebung – ein *Cripping* – von Körpernormierungen im Entwicklungsdiskurs stattfindet, ziehe ich exemplarisch unterschiedliche internationale und entwicklungspolitische Textproduktionen zu Inklusiver Entwicklung und „Behinderung" heran, deren Gemeinsamkeiten ich in einer optimistischen Imagination einer inklusiven Zukunft durch „Entwicklung" festmache.

In der Analyse dieser Materialien möchte ich anschließend an die bisherigen Überlegungen ein Lektüreverfahren einsetzen, das ich in Anlehnung an Robert McRuer als *Crip Reading* bezeichne. *Crip Reading* bezieht sich damit dezidiert auf den theoretischen Referenzrahmen der *Crip Theory* und setzt ihre analytischen Konzepte und kritischen Perspektiven in der Textlektüre ein. Weder *Disability Studies* noch *Crip Theory* bilden einen kohärenten Theoriekorpus mit eigenen Methoden, sie bedienen sich vielmehr einer Fülle von sozial- und kulturwissenschaftlichen Methoden. Das von mir vorgeschlagene *Crip Reading* wird dabei schon vielfach praktiziert und etabliert sich auch zunehmend als Bezeichnung für kritische Lesepraxen innerhalb der *Disability Studies*. Eine tiefer gehende Auseinandersetzung mit *Crip Reading* als Methode sowie eine genaue Definition dessen, was damit bezeichnet werden soll (oder bereits bezeichnet wird), stehen jedoch bislang noch aus. *Crip Reading* ist demnach also keinesfalls eine einheitliche Methode mit festen Regeln oder einer spezifischen Systematik oder Technik.

---

203 Sandahl 2003, S. 37.

Eine Möglichkeit, sich einer solchen Definition anzunähern und eine *crippe* Lesart zu entwickeln, besteht für mich darin, von den bereits länger vorhanden Ansätzen des *Queer Readings* zu profitieren und deren Programmatik im Sinne der *Crip Theory* zu adaptieren. *Queer Reading* als methodische Herangehensweise hat sich bereits seit Mitte der 1980er Jahren vor allem in den kulturwissenschaftlichen Disziplinen – allen voran in der Literaturwissenschaft – etabliert. Besonders die Arbeiten der Queer Theoretikerin Eve Kosofsky Sedgwick „Between Men. English Literature and Male Homosocial Desire" (1985) sowie der von ihr herausgegebene Sammelband „Novel gazing. Queer Readings in Fiction" (1997) haben hierfür wichtige Grundsteine gelegt. *Queer Reading* verweigert sich allerdings einer einheitlichen Definition, was mitunter an der Offenheit und nicht fixierbaren Bedeutung des Begriffes *queer* selbst liegt.

Der Versuch des Ausbuchstabierens, was überhaupt unter Queer Reading verstanden werden könnte, gestaltet sich nicht allein ob der Vieldeutigkeit und grundsätzlichen Unabschließbarkeit des Begriffs queer als schwierig, wenn nicht gar unmöglich. Auch die Praxis des Reading ist denkbar vage, liefert sie doch keine Anhaltspunkte über die Beschaffenheit der Methoden oder Textsorten.[204]

Es lassen sich jedoch einige gemeinsame Anknüpfungspunkte feststellen. So bezieht sich *Queer Reading* in seinem Verständnis von Text und Textlektüre vor allem auf die theoretischen Arbeiten von Jacques Derrida zu Dekonstruktion, Differenz und Zeichen, Michel Foucaults Konzeption des Wissen-Macht-Diskurs sowie Jacques Lacans Theorie des Unbewussten und seinen Begriff des Begehrens. *Queer Reading* steht somit im Kontext poststrukturalistischer Theorien und Methoden.[205] Das bedeutet, dass *Queer Reading* von der Prämisse ausgeht, dass Text und Bedeutung keine ontologischen Entitäten sind, die abgeschlossen und kohärent sind, etwas was einfach *ist*, sondern Text und Bedeutung in gesellschaftliche Machtverhältnisse eingebettet und gleichsam sozial produziert und produktiv sind.

---

204 Mesquita, Sushila: „Gedanken zu queeren Lesepraxen. Eine Respondenz zu Gudrun Perko". In: Babka, Anna/ Hochreiter, Susanne (Hrsg.): *Queer Reading in den Philologien. Modelle und Anwendungen*. Vienna University Press: Göttingen 2008, S. 89.

205 cf. Babka, Anna/ Hochreiter, Susanne: „Einleitung". In: ibid. (Hrsg.): *Queer Reading in den Philologien. Modelle und Anwendungen*. Vienna University Press: Göttingen 2008, S. 12.

In diesem Sinne steht bei einem solchen Lektüreverfahren auch nicht die Frage nach einer von der_dem Autor_in intendierten Aussageabsicht im Vordergrund, sondern es wird stattdessen angenommen, dass Bedeutung ein offener Prozess ist.

Im Anschluss an Foucaults Diskursbegriff fragt *Queer Reading* einerseits danach, was durch die Formationsregeln des Diskurses ausgeschlossen und marginalisiert wird.

Es ist, mit anderen Worten, das Verdrängte des Diskurses, das seine Aufmerksamkeit auf sich zieht und das im Rahmen der neuzeitlichen Moderne als das nichtintegrierbare Andere der Vernunft identifiziert wird.[206]

Andererseits beziehen sich queere Leseverfahren häufig auf den verallgemeinerten Textbegriff von Derrida, der Text nicht nur als Literatur im engen Sinne versteht, sondern vielmehr als ein „grenzenloses Ensemble"[207], weshalb alles als Text verstanden und somit alles einer kritischen Lektüre unterzogen werden kann.

Diese Prämisse bestimmt jedoch nicht nur wie der zu analysierende Text gefasst wird, sondern prägt auch maßgeblich das Verständnis dafür, was Textlektüre als Praxis bedeutet. Denn, „Texte lesen ist kein unschuldiges Vergnügen"[208], wie Anna Babka und Susanne Hochreiter in ihrer Einführung zu „Queer Reading in den Philologien" feststellen. Eine kritische Textlektüre bedeutet in Anlehnung an die Kritik feministischer Standpunkttheorie auch die kontextgebundenen Verstehensbedingungen eines Textes offenzulegen, „[...] da es in der Tat einen nicht unwesentlichen Unterschied macht, wer welche Texte woraufhin und wie, also mit welchem queer-theoretischen Hintergrund und welchen Methoden, liest"[209]. Dies geht meines Erachtens aber auch über eine theoretische Positionierung hinaus und umfasst auch politische und gesellschaftliche Positionierungen, deren selbstkritische Reflexion die eigenen Auslassungen und Leerstellen aufzeigen kann.

Wie wird ausgehend von dieser theoretischen Rahmung ein queeres Lesen – ein *Queer Reading* – als methodische Herangehensweise an Texte

---

206 Bossinade, Johanna: *Poststrukturalistische Literaturtheorie*. J.B. Metzler: Stuttgart/ Weimar 2000, S. 37.
207 ibid., S. 49.
208 Babka/ Hochreiter 2008, S. 11.
209 Mesquita 2008, S. 89.

gestaltet? Mit Bezug auf die queertheoretische Annahme, dass Geschlecht, Sexualität und Begehren instabil und performativ sind, spürt *Queer Reading* diese Kategorien im Text auf und befragt sie hinsichtlich ihrer Konstruktion. Dabei beleuchtet ein solches Lektüreverfahren auch die Verstehensvoraussetzungen eines Textes und nimmt dabei jenes normative Wissen in den Blick, auf dem der Text aufbaut.

> Queer Reading lenkt das Augenmerk auf jene Bereiche und Bedeutungen, die als normative Voraussetzungen keiner Erwähnung zu bedürfen scheinen, und stellt damit Normativität als solche infrage.[210]

Das Ziel eines solchen Lektüreverfahrens ist es, binäre Konstruktionen von Geschlecht und Sexualität zu kritisieren und zu dekonstruieren, Heteronormativität aufzuzeigen und zu hinterfragen, Bedeutungen zu dechiffrieren und zu verschieben und queere Subtexte sowie Elemente von Widerständigkeit sichtbar zu machen. *Queer Reading* kann in diesem Sinne als ein Gegen-Lesen verstanden werden: „Queeres Lesen ist Lesen quer zu Kategorisierungen, Normierungen und Ordnungen".[211]

Dieses Verständnis von *Queer Reading* als Gegen-Lesen eines Textes kann auch für eine Definition von *Crip Reading* herangezogen werden, nur dass sich der Fokus der Analyse verschiebt oder vielmehr erweitert. Während der literaturtheoretische Referenzrahmen des *Queer Reading* übernommen wird, bedeutet ein Umarbeiten von *Queer Reading* durch und mit *Crip Theory*, dass der Fokus erweitert werden muss und nicht mehr ausschließlich auf Geschlecht, Sexualität und Begehren gerichtet sein darf, sondern jegliche normativen Zurichtungen des Körpers zu erfassen sucht. Ein *Crip Reading* spürt also nicht nur Repräsentationen von „Behinderung" und „Nicht-Behinderung" und deren hierarchische Organisation im Text auf, sondern setzt zugleich ein intersektionales Paradigma ein, das herausarbeitet, wie „Nicht-/Behinderung" mit anderen Kategorien sozialer Ungleichheit verwoben ist. Ein *crippes* Lektüreverfahren weist also auf die Konstruktion von „Behinderung" und „Nicht-Behinderung" im Zusammenspiel mit anderen Differenzkategorien hin und arbeitet die

---

210 Wieser, Anita Tomke: *Queer Writing. Eine literaturwissenschaftliche Annäherung. Mit ausgewählten Beispielen aus Thomas Meineckes „Hellblau".* Zaglossus: Wien 2012, S. 56.
211 Babka/ Hochreiter 2008, S. 13.

ableistischen Grundannahmen eines Textes heraus, um diese zu kritisieren und zu dekonstruieren. Techniken des *Otherings* werden dadurch aufgezeigt und die zugrunde liegende normative Ordnung angreifbar gemacht. Im Sinne der *Crip Theory* verfährt ein solches Lektüreverfahren dabei identitätskritisch und arbeitet die wiederholende Performanz und Brüchigkeit dieser Kategorien heraus. Darüber hinaus sucht *Crip Reading* aber auch nach widerständigen Momenten in denen dominante kulturelle Repräsentationsmuster von „Behinderung" und „Nicht-Behinderung" unterlaufen und durchbrochen, Bedeutungen verschoben, Körper anders imaginiert und Identifikationen mit *Crip(s)* ermöglicht werden. Durch eine solche Perspektive können Widersprüchlichkeiten und Ambivalenzen des Textes aufgezeigt werden. Gleichzeitig fragt *Crip Reading* aber auch nach dem Verworfenen, dem Nicht-Gesagten eines Textes und den an den Rand gedrängten Subjekten, deren Sichtbarmachung sich eine *crippe* Position verpflichtet. Dadurch wird im Text marginalisiertes Wissen in den Blick genommen, das ein Gegengewicht zu dominanten Diskursen herstellen kann und diese kritisch bespiegelt. Der politische Anspruch der *Crip Theory* tritt in der Lektüre nicht in den Hintergrund, sondern wird im Gegenteil als zentrales Moment *cripper* Forschung gesetzt. *Crip Reading* positioniert sich explizit in Opposition zu gesellschaftlichen Herrschaftsverhältnissen, Normierungen und optimistischen Glücksversprechungen und verbindet Erkenntniskritik mit Gesellschaftskritik. Kritik an globalen Machtverhältnissen, neoliberalen Inklusions- und Exklusionsmechanismen, Prozessen der Normalisierung sowie die Dekonstruktion universalisierender, eurozentrischer und kolonisierender Diskurse sind deshalb ebenso Bestandteile des *Crip Readings*, das historisierend und kontextualisierend verfährt und dabei an *Crip* Aktivismus und andere soziale und politische Bewegungen anknüpft.

Crip Reading als transdisziplinäre Praxis bedeutet, dass ich versuche durch den Bezug auf unterschiedliche theoretische Referenzrahmen verschiedene Ebenen der Analyse aufzumachen, die sich sowohl in ihrer methodischen Herangehensweise aber auch im Grad ihrer Abstraktion, der Nähe zu den Texten und im von mir verwendeten Vokabular unterscheiden. Durch dieses Nebeneinander verschiedener Referenzrahmen verfolge ich das Ziel, sichtbar zu machen, welche Interpretationen durch verschiedene methodische wie theoretische Setzungen möglich werden, ohne diese Ebenen der Analysen in ein hierarchisches Verhältnis miteinander zu setzen oder auf eine große, homogenisierende Erklärung abzielen zu wollen.[212] Im Anschluss an Sabine Hark verstehe ich Transdisziplinarität dabei als die „demokratische Verknüpfung verschiedener Wissensformen"[213]. Damit verabschiede ich mich gewissermaßen von dem Anspruch der Kohärenz und setze vielmehr die Sichtbarmachung unterschiedlicher Reflexionsprozesse und Brüche, die sich immer wieder in meinem Schreiben und der Art und Weise, wie ich Begriffe verwende, niederschlagen, ins Zentrum meiner Arbeitsweise.

---

212 cf. Hark, Sabine: „Disziplinäre Quergänge. (Un)Möglichkeiten transdisziplinärer Frauen- und Geschlechterforschung". In: *Potsdamer Studien zur Frauen- und Geschlechterforschung* 2(2), 1998, S. 15.
213 ibid., S. 17.

Kapitel 3: ~~In~~Exkludierende Entwicklung? Ambivalenzen und Widersprüchlichkeiten inklusiver Entwicklungsdiskurse

> Hello to you out there in Normal Land
> You may not comprehend my tale or understand
> As I crawl past your window give me lucky looks
> You can be my body but you'll never read my books
>
> I'm Spasticus, I'm Spasticus
> I'm Spasticus Autisticus[214]

Das einleitende Zitat stammt von *Ian Dury and The Blockheads*, die mit ihrem Lied *Spasticus Autisticus* 1981 gegen das „Internationale Jahr der Behinderten" der Vereinten Nationen protestierten. Ian Dury, der selbst an Polio erkrankt war, begriff das Lied als Anti-Charity-Song, der paternalisierende Sichtweisen auf „Behinderung" und „Krankheit" anprangert und diesen ein positiv besetztes Verständnis von „Behinderung" entgegensetzt. Die ständige Wiederholung des Satzes „I'm Spasticus"[215] im Refrain ist zugleich eine Kriegserklärung[216] und eine Aneignung einer diffamierenden und verletzenden Bezeichnung von „Devianz" und „Abnormalität", die gleichzeitig provozieren will und gesellschaftliche Normen verunsichert. Durch die Adressierung der Personen, die das *Normal Land* bevölkern, werden nicht nur diese sondern auch gesellschaftlich dominante Vorstellungen von Normalität angeklagt. Das Lied wendet sich also nicht nur

---

214 Ian Dury and The Blockheads: „Spasticus Autisticus". Auf ibid.: *Lord Upminister*, CD, Polydor Records: London 1981.
215 ibid.
216 Eva Egermann verweist auf die Anlehnung von „I' am Spasticus" an den widerständigen Ausspruch „I am Spartacus", der zum Ausdruck des Sklavenaufstandes in Stanley Kubricks Film *Spartacus* wird, cf. Egermann, Eva: „Verwandelte Welten ohne Wunden. Über Crip, Pop- und Subkulturen, soziale Bewegungen sowie künstlerische Praxis, Theorie und Recherche". In: Fleischmann, Alexander/ Guth, Doris (Hrsg.): *Kunst. Theorie. Aktivismus. Emanzipatorische Perspektiven auf Ungleichheit und Diskriminierung.* Transcript: Bielefeld 2015, S. 183.

gegen Vormundschaft und Mitleid, die Marginalisierung des Wissens von Menschen mit „Behinderung", sondern auch gegen die Annahme, dass „Nicht-Behinderung" die gesellschaftliche Normalität konstituiert. 1981, im „Internationalen Jahr der Behinderten", wurde die öffentliche Ausstrahlung des Songs aufgrund der ihm unterstellten Anstößigkeit vom BBC und weiteren Radiosendern zensiert.[217]

Bereits seit den 1980er Jahren versuchen internationale Akteur_innen wie die Vereinten Nationen (UN) aber auch die Weltgesundheitsorganisation (WHO) einen Paradigmenwechsel im Sprechen und Denken über „Behinderung" voranzutreiben und eine verstärkte Sichtbarkeit auf den Agenden internationaler Politik zu verankern. Neben bewusstseinsbildenden Maßnahmen wie eben jenes von der UN ausgerufene „Internationale Jahr der Behinderten" (1981) und die „Internationale Dekade der Behinderten" (1983-1992) mit dem dazu verabschiedeten „Weltaktionsprogramm für Behinderte" (1982) gingen diese Versuche auch mit einer Reihe von neuen Definitionen und Normsetzungen rund um „Behinderung" einher.

So wurde 1980 erstmals durch die *International Classification of Impairments, Disabilities and Handicaps* (ICIDH) der WHO eine internationale Definition von „Behinderung" festgeschrieben. „Behinderung" avanciert zu einem wiss- und erklärbaren Gegenstand. Die Klassifikation diente – wie auch andere Klassifikationen von Krankheit und Gesundheit der WHO – der Beschreibung von „Behinderung", der Diagnose und der internationalen Vergleichbarkeit. Durch die internationale Setzung der ICIDH wurde sie zum primären Referenzpunkt der Definition von „Behinderung". Das Krankheitsfolgenmodell von „Behinderung" der ICIDH unterscheidet zwischen drei Dimensionen von „Behinderung", der körperlichen Schädigung,

---

217 Einunddreißig Jahre nach dieser Zensur erlebte das Lied jedoch eine spektakuläres Revival, als es im Rahmen der Eröffnungszeremonie der Paralympischen Spiele 2012 im Londoner Olympiastadion reinszeniert wurde. Dass die Inszenierung von „Spasticus Autisticus" dabei in eine orientalistische und eurozentrische Performance mit dem mehrdeutigen Titel „Enlightment" eingebettet war, kann als paradigmatisch für die Gleichzeitigkeit der Verschiebung und Flexibilisierung der Grenzen des Normalen einerseits und der Verwerfung rassialisierter und „nicht-westlicher" Subjekte andererseits gesehen werden und weist auf die Gefahr der Einverleibung kritischer *crip* Positionalitäten durch neoliberale, humanistische und entwicklungspolitische Diskurse hin.

der Fähigkeitsstörung und der sozialen Beeinträchtigung. Trotz dem Versuch auch soziale Faktoren in die Definition von „Behinderung" einfließen zu lassen, basiert sie primär auf medizinischem Wissen, ist defizitorientiert und postuliert „Behinderung" als individuelles Problem:

> In the context of health experience, a disability is any restriction or lack (resulting from an impairment) of ability to perform an activity in the manner or within the range considered normal for a human being.[218]

Ein wie von *Ian Dury and The Blockheads* eingefordertes positives Behinderungsverständnis lässt sich hier nicht finden, stattdessen wird „Behinderung" als „Einschränkung", „Mangel" und Normabweichung konstruiert.[219] In der Definition von „Behinderung" durch die ICIDH bleiben Normalität und „Nicht-Behinderung" im Zentrum, das *Normal Land* bleibt unangefochten. Auch die 2001 verabschiedete Erneuerung der ICIDH, die *International Classfication of Functioning, Disability and Health* (ICF) behält dieses Verständnis der Normalität von „Nicht-Behinderung" bei, auch wenn diese weniger offensichtlich defizitorientiert zu sein scheint. In der ICF wird ein ganzheitlicherer Behinderungsbegriff vorgeschlagen, der auch als biopsychosozialer Ansatz bezeichnet wird und beispielsweise die Dimensionen von „Behinderung" um Kontextfaktoren wie Umwelt oder personenbezogene Faktoren erweitert. Die Definition von „Behinderung" durch die ICF beruht auf einem Bezugsgruppenvergleich, wobei deutlich wird, dass „Behinderung" als Abweichung von einem als normal verstandenen statistischen Durchschnitt konzipiert wird.[220] Seit den 1980er Jahren werden also Definitionen von „Behinderung" als negative Abweichung im Rahmen internationaler Dokumente zusehends festgeschrieben. Dieses negative Verständnis von „Behinderung", das auf dem medizinischen Modell beruht, ist zwar keine Erscheinung der 1980er Jahre, aber durch die Festschreibung in den

---

218 World Health Organization (WHO): *International Classification of Impairments, Disabilities and Handicaps. A manual of classification relating to the consequences of disease.* Handbuch. Genf 1980, S. 143.

219 cf. Hirschberg, Marianne: „Normalität und Behinderung in den Klassifikationen der Weltgesundheitsorganisation". In: Waldschmidt, Anne (Hrsg.): *Kulturwissenschaftliche Perspektiven der Disability Studies. Tagungsdokumentation.* Bifos-Schriftenreihe: Kassel 2003, S. 121.

220 cf. Hirschberg 2003, S. 126

Dokumenten internationaler Organisationen, wirkt sich dieses Verständnis auf sämtliche Bereiche der internationalen Politik aus und dient innerhalb dieser Diskurse als Wahrheitsreferent.

Die negative Setzung von „Behinderung" findet sich auch in der Resolution der UN-Generalversammlung zum „Internationalen Jahr der Behinderten", die am 16. Dezember 1976 beschlossen wurde. Eines der Ziele lautete, effektive Maßnahmen zur „Verhinderung" (sic!) von „Behinderung" und der Rehabilitation von Menschen mit „Behinderung/en" zu setzen.[221] Obwohl die UN durch diese Aktionen einen Paradigmenwechsel im Sprechen und Denken über „Behinderung" anstrebte und eine neue Form der Sichtbarkeit vorantreiben wollte, baute ihr Verständnis auf der Tradition medizinischer Definitionen von „Behinderung" auf, die „Behinderung" als Defekt betrachten, der entweder verhindert werden soll oder mit Hilfe von rehabilitativen Maßnahmen soweit wie möglich an die „nicht-behinderte", „normale" Umwelt angepasst werden soll.[222] Der „behinderte" Körper ist in diesem Verständnis objektiv wissbar, medizinisch erfassbar und definierbar – eine Vorstellung der sich Ian Dury and The Blockheads entziehen, wenn sie singen: „I widdle when I piddle, 'cos my middle is a riddle".[223]

Sowohl die WHO als auch die UN nehmen eine Position ein, in der die Perspektiven und Selbstverständnisse von Menschen mit „Behinderung/en" marginalisiert werden und positionieren sich damit in dem in *Spasticus Autisticus* beschimpften und beschämten *Normal Land:* „You can be my body but you'll never read my books".[224] Wie Tanya Titchkosky und Katie Aubrecht aufzeigen, ist die WHO selbst Bestandteil einer kolonialen und kolonisierenden Formation, die kolonial-rassistische Diskurse über Degenerativität, mentale Gesundheit und „Geistesschwäche" fortführt und

---

221 cf. United Nations: *International Year of Disabled Persons. Resolution 31/123.* 1976. Letzter Zugriff: 18.6.2013, http://www.un-documents.net/a31r123.htm.

222 cf. Priestly, Mark: „Worum geht es bei den Disability Studies? Eine britische Sichtweise". In: Waldschmidt, Anne (Hrsg.): *Kulturwissenschaftliche Perspektiven der Disability Studies. Tagungsdokumentation.* Bifos-Schriftenreihe: Kassel, 2003: S. 24.

223 Ian Dury and The Blockheads 1981. [Hervorhebung I.G.]

224 ibid.

diese mit Vorstellungen von Fortschrittlichkeit und nationaler Entwicklung verknüpft: „Arising at approximately the same time as decolonization began to occur, the WHO can be read as reflective of colonial history as well as a colonizing force in postcolonial times"[225].

Das von der WHO postulierte defizitorientierte Verständnis von „Behinderung", das auf internationaler Ebene verhandelt und durchgesetzt wurde, schlug sich ab Mitte der 1980er auch in der Entwicklungszusammenarbeit nieder. In Folge des „Internationalen Jahres der Behinderten" wurde 1982 von der UN ein globales Strategiepapier veröffentlicht, das sogenannte *World Programme of Action concerning Disabled Persons*. Das Papier schreibt neben Prävention, Rehabilitation und Chancengleichheit auch als Ziel fest, Menschen mit „Behinderung" durch gezielte Maßnahmen in die wirtschaftliche und soziale „Entwicklung" miteinzubeziehen.[226] In der folgenden UN-Dekade (1983-1992) sollten diese Ziele umgesetzt werden. Während es vorher abgesehen von wohlfahrtsorientierten Ansätzen keine kohärenten Strategien der Adressierung von „Behinderung" im Kontext der Entwicklungspolitik und Entwicklungszusammenarbeit gab, etablierte sich ab Mitte der 1980er Jahre der von der WHO konzipierte Ansatz der *Community-based Rehabilitation* (CBR). Dieses Konzept der gemeindenahen Rehabilitation fokussierte auf die Zugänglichkeit von sozialen Dienstleistungen, Bildung und medizinischer Rehabilitation für Menschen mit „Behinderung" durch die Unterstützung der Mitglieder einer Gemeinde. Während sich das *World Action Programme* und auch die CBR-Programme darauf konzentrierten, spezifische Maßnahmen für Menschen mit „Behinderung" zu setzen, aber dabei weniger auf einen gesamtgesellschaftlichen Kontext abzielten, hat sich seit Anfang der 2000er mit dem Begriff des *Disability Mainstreaming* ein weiteres Schlagwort auf der Ebene internationaler Politik etabliert, das zum Ziel hat, „Behinderung" als Querschnittsthema in alle Politikbereiche zu inkludieren. Im Entwicklungskontext hat sich mit Bezug

---

225 Titchkosky, Tanya/Aubrecht, Katie: „WHO's MIND, whose future? Mental Health projects as colonial logics." In: Social Identities 21(1), 2015, S. 69.

226 cf. United Nations: *World Programm of Action concerning Disabled Persons. Resolution 37/52.* 1982. Letzter Zugriff: 18.06.2013, http://www.un.org/documents/ga/res/37/a37r052.htm.

auf *Disability Mainstreaming* das Konzept der Inklusiven Entwicklung als neues, Erfolg versprechendes Paradigma durchgesetzt, dem einerseits ein menschenrechtsbasierter Entwicklungsansatz zu Grunde liegt und das andererseits danach strebt, Menschen mit „Behinderung/en" in alle Prozesse der Entwicklungszusammenarbeit zu inkludieren.

Inklusive Entwicklung trägt dabei das Versprechen, die Exklusion von Menschen mit „Behinderung" zu beenden und zu einer „gerechteren Entwicklung" beizutragen. Dieses Versprechen ist seit der Verabschiedung der UN-Konvention über die Rechte von Menschen mit Behinderungen (UNCRPD), die einen eigenständigen Artikel zu inklusiver internationaler Zusammenarbeit und humanitärer Hilfe enthält, in ein Menschenrecht überführt worden. Inklusive Entwicklung wird dabei als positives Ziel von Entwicklungsinterventionen und als Gegenentwurf zu einer als exkludierend wahrgenommenen Gesellschaft formuliert:

> Damit sich auch im Süden ‚Gesellschaften für alle' entwickeln können, braucht es inklusive Entwicklungszusammenarbeit, die alle Menschen einbezieht und keine Gruppen ausgrenzt.[227]

Inklusive Entwicklung verspricht, nicht mehr nur spezifische Maßnahmen für Menschen mit „Behinderung/en" zu setzen, wie es bereits vorangegangene Konzepte der Adressierung von „Behinderung" im entwicklungspolitischen Feld (beispielsweise der Ansatz der gemeindenahen Rehabilitation) getan haben, sondern auch soziokulturelle Wahrnehmungen und Praxen rund um „Behinderung" zu transformieren und dabei „Nicht-Behinderung" als Normalität zu dezentrieren. Ob und wie dieses Versprechen von Inklusiver Entwicklung eingelöst wird oder überhaupt eingelöst werden kann, wie „Behinderung" in diesem Diskurs repräsentiert wird, auf welchen identitätspolitischen Ein- und Ausschlüssen eine solche Politik basiert und welche Rolle die Rhetorik der Inklusion im entwicklungspolitischen Feld einnimmt, sind die Themen der folgenden Untersuchung.

---

227 Bezev/ Handicap International (Hrsg.): *Entwicklung ist für alle da. Menschenrechte für Menschen mit Behinderung umsetzen – Inklusive Entwicklung gestalten.* Broschüre. Essen 2009, S. 5.

„Behindert", „arm" und „unterentwickelt". Zur Konstruktion von *Third World Crips* und ableistischen *weißen* Fantasien.

> Armut und Behinderung sind in Entwicklungsländern sehr stark miteinander ver-
> flochten. Unter den menschenunwürdigen Lebensbedingungen der Armut entste-
> hen Beeinträchtigungen, die vermeidbar wären. Gleichzeitig haben es Menschen
> mit einer Beeinträchtigung ungleich schwerer, der Armutssituation zu entflie-
> hen.[228]

Diese Verknüpfung und gegenseitige Bedingtheit von „Behinderung" und Armut wird von VENRO, dem Dachverband entwicklungspolitischer Nichtregierungsorganisationen in Deutschland, auch als „Teufelskreis von Armut und Behinderung" bezeichnet.[229] Diese Metapher vom Teufelskreis ist ein oft zitiertes Motiv im Entwicklungsdiskurs, das nicht nur von VEN-RO benutzt wird, um auf die Situation von Menschen mit „Behinderung/en" im globalen Süden aufmerksam zu machen. Tatsächlich scheint es, als würde „Behinderung", wann immer im Entwicklungsdiskurs thematisiert, von einer breiteren Erzählung über Armut begleitet werden. „Behinderung" und Armut werden dabei als ineinandergreifende und sich gegenseitig po-tenzierende Phänomene dargestellt. Es wird argumentiert, dass Menschen, die von Armut betroffen sind, keinen Zugang zu ausreichend Nahrung, Ge-sundheitsversorgung, Bildung, Arbeit und sicheren Unterkünften haben und dadurch die Chance auf – beziehungsweise in diesem Narrativ das „Risiko" von – Krankheiten, Verletzungen und „Behinderungen" erhöht ist. Gleich-zeitig, so das Argument, führen „Behinderung/en" zu weiterer Exklusion und Marginalisierung, die schlussendlich noch größere Armut zur Folge haben. Armut wird in diesem Narrativ als die Ursache von „Behinderung" dargestellt und *vice versa*. Dieses Narrativ über „Behinderung" im globalen Süden wird nicht nur von Akteur_innen der Entwicklungszusammenarbeit zitiert, sondern wird auch innerhalb der Forschung zu „Entwicklung", „Be-hinderung" und „globaler Gesundheit" reproduziert:

---

228 VENRO (Hrsg.): *Gewusst wie – Menschen mit Behinderung in Projekte der Entwicklungszusammenarbeit einbeziehen. Handbuch für inklusive Entwick-lung.* Broschüre. Bonn 2010, S. 6.
229 ibid., S. 6.

Poverty and disability are in this sense locked in the embrace of a real dance of death [sic!]. This is made far worse in developing countries in the South, where the failure of economic and social development is characterized by widespread and seemingly intractable poverty associated with wars and civil unrest, malnutrition, poor sanitation, lack of immunisation, inadequate health care, few safety provisions and pollution.[230]

Armut wird in diesem Narrativ nicht kontextualisiert, die historischen und globalen Ursachen für Armut werden ausgeblendet.

In dem ich diese Repräsentation als „Narrativ" bezeichne, möchte ich nicht leugnen, dass Menschen mit „Behinderung/en" marginalisiert werden und tatsächlich in stärkerem Maße von Armut betroffen sind als „nichtbehinderte" Menschen. Stattdessen geht es mir darum, zu problematisieren, auf welche Art und Weise dieser Zusammenhang dargestellt wird und welche Funktionen diese Repräsentation im Entwicklungsdiskurs einnimmt. Ich möchte dabei zunächst das diesem Narrativ zu Grunde liegende Behinderungsverständnis herausarbeiten und in einem nächsten Schritt analysieren, wie Menschen mit „Behinderung/en" in entwicklungspolitischen Texten repräsentiert werden und wie diese Repräsentationsmuster mit anderen diskursiven Elementen des Entwicklungsdiskurses verknüpft werden.

Entwicklungspolitische Texte zu „Behinderung" und Inklusiver Entwicklung beziehen sich meist explizit auf das soziale Modell von „Behinderung" einerseits, andererseits aber auch auf die UN-Konvention sowie die ICF-Klassifikation von „Behinderung" der Weltgesundheitsorganisation, wie auch in den von VENRO oder Bezev (Behinderung und Entwicklungszusammenarbeit) und Handicap International herausgegebenen Broschüren und Handbüchern zu „Inklusiver Entwicklung".[231] „Behinderung" umfasst in diesem Verständnis drei Ebenen der Beeinträchtigung: Eine körperliche Beeinträchtigung oder Schädigung, eine daraus hervorgehende individuelle Aktivitätsbeeinträchtigung sowie eine gesellschaftliche Partizipationseinschränkung, die aus sozialen Normen hervorgeht. Die gesellschaftliche Partizipationseinschränkungen gehen dabei aus „behindernden

---

230   Hurst, Rachel/ Albert, Bill: „The social model of disability, human rights and development". In: Albert, Bill (Hrsg.): *In or out of the Mainstream? Lessons from Research on Disability and Development Cooperation*. Disability Press: Leeds 2006, S. 30.

231   cf. VENRO 2010; Bezev/ Handicap International 2009.

Kontextfaktoren" hervor, die sich wiederum aus drei Elementen zusammensetzen: Umgebungsbedingte Barrieren (bauliche Umwelt, Zugänglichkeit zu Informationen und Kommunikation), institutionelle Barrieren (Fehlen von antidiskriminatorischen Gesetzen und Strategien, Marginalisierung von Selbstvertretungsorganisationen) sowie soziale Barrieren (Stigmatisierung und Diskriminierung von Menschen mit „Behinderung/en"). „Behinderung ist also ein komplexes Geflecht von individuellen Merkmalen und ihrer Wechselwirkung mit gesellschaftlichen Gegebenheiten".[232] Damit übernehmen die Texte sowohl Elemente des sozialen Modells als auch des individuellen bzw. medizinischen Modells von „Behinderung".

Dabei tritt immer wieder zu Tage, dass das soziale Modell keine wirkliche Abkehr von der medizinischen Deutungshoheit über „Behinderung" beinhaltet, denn die beiden unterschiedlichen Ansätze des sozialen und des individuellen Modells können im Diskurs über Inklusive Entwicklung problemlos miteinander vereint werden, ohne dass größere Widersprüche in der Argumentation ersichtlich werden. Die defizitorientierte Definition von „Behinderung" kann dabei aufrechterhalten werden und die sozialen Barrieren, die von VENRO thematisiert werden, werden als eine direkte Folge einer individuellen körperlichen Normabweichung dargestellt. Dass dem Verständnis von „Behinderung" ein defizitorientiertes Modell zugrunde liegt, wird in Formulierungen deutlich, die „Behinderung" als das „Fehlen eines Armes"[233] oder „mangelnde körperliche Funktionen"[234] beschreiben, „Behinderung" als Leiden begreifen oder auf die speziellen Bedürfnisse von Menschen mit „Behinderung/en" hinweisen. Trotz der Betonung, dass „Behinderung" ein „normaler Bestandteil des Lebens ist"[235], wird „Behinderung" als Normabweichung verstanden. Aus der Kombination der Logiken des individuellen und sozialen Modells von „Behinderung" ergibt sich, dass

---

232 VENRO 2010, S. 8.
233 cf. VENRO 2010, S. 8/S. 21; Bezev/ Handicap International 2009, S. 12.
234 Austrian Development Agency (ADA): *Menschen mit Behinderungen. Inklusion als Menschenrecht und Auftrag. Anleitung zur Inklusion von Menschen mit Behinderungen in das Projekt-Zyklus-Management der OEZA.* Handbuch. Wien 2013, S. 2.
235 VENRO (Hrsg): Entwicklung braucht Beteiligung. Wege zur gleichberechtigten Teilhabe von Menschen mit Behinderung in der Entwicklungszusammenarbeit. Broschüre. Bonn 2004, S. 15; bezev/Handicap International 2009, S. 5.

zwar der karitative Ansatz und die Aussonderung von Menschen mit „Behinderung/en" in Sondereinrichtungen kritisiert wird, aber trotzdem neben der Forderung nach bewusstseinsbildenden Maßnahmen und dem Abbau sozialer Barrieren, Rehabilitation als einen wichtigen Eckpfeiler inklusiver Entwicklungszusammenarbeit betrachtet. Denn trotz der Übernahme von Konzepten des sozialen Modells wird „Behinderung" in diesem Narrativ als „Risiko" dargestellt, dass durch medizinische Maßnahmen „verhindert" oder zumindest „abgeschwächt" werden soll. Der Behinderungsbegriff bleibt damit dem Rehabilitationsparadigma verhaftet und vertritt ein negatives Verständnis von „Behinderung", das „Behinderung" als nicht wünschenswert, tatsächlich vielmehr als Tragödie betrachtet.

Dieses negative Verständnis von „Behinderung" wird innerhalb des Narrativs insbesondere durch die Verknüpfung mit der Repräsentation des globalen Südens verstärkt. Menschen mit „Behinderung/en" im globalen Süden werden innerhalb dieses Narrativs wiederholt als die Ärmsten der Armen, die sozial schwächsten Menschen und als besonders vulnerable Gruppe bezeichnet.[236] Diese Repräsentation wird durch das Zitieren von Statistiken der Vereinten Nationen und der Weltbank, nach denen 80 Prozent aller Menschen mit „Behinderung/en" in sogenannten „Entwicklungsländern" leben und von diesen noch einmal 82 Prozent unterhalb der Armutsgrenze leben, affirmiert. Diese Daten werden nicht weiter problematisiert, sondern referieren auf eine vermeintlich objektive Wahrheit, die das Teufelskreis-Narrativ bestärkt.

Das Argument, dass Menschen mit „Behinderung/en" eine besonders vulnerable Gruppe seien, folgt der Setzung des sozialen Modells, in der Menschen mit „Behinderung" als unterdrückte Minderheit aufgefasst werden und „Behinderung" per se mit sozialer Exklusion gleichgesetzt wird. Dieses Verständnis von „Behinderung" ignoriert Differenzen zwischen Menschen mit „Behinderung/en" und konstruiert sie als homogene Gruppe, deren Gemeinsamkeit in ihrer Erfahrung von gesellschaftlicher Ausgrenzung und Diskriminierung liegt. Momente der Inklusion und machtvolle Subjektpositionen von Menschen mit „Behinderung/en" werden dadurch nicht angesprochen. „Behinderung" wird zwar als von kulturellen und

---

236 VENRO 2004, S. 4/ S. 15; VENRO 2010, S. 12.

gesellschaftlichen Kontexten geprägt verstanden, trotzdem setzt sich in den Texten ein universeller Behinderungsbegriff durch. Menschen mit „Behinderung/en" im globalen Süden werden dabei als eine homogene Gruppe konstruiert, denen gemein ist, dass sie ungebildet und arm sind und darüber hinaus passive Opfer sind. Sie sind wahlweise Opfer von Agent Orange, Minen oder Blindgängern, von Naturkatastrophen, sexuellem Missbrauch oder sexueller Gewalt und von Ausbeutung, Diskriminierung, und Gewalt. Durch das stetige Zitieren der besonderen Vulnerabilität von Menschen mit „Behinderung/en" wird sowohl ihre Handlungsmacht als auch ihr Widerstand verschleiert und Differenzen zwischen Menschen mit „Behinderung/en" unsichtbar gemacht. Im Diskurs zu Inklusiver Entwicklung werden Menschen mit „Behinderung/en" im globalen Süden also objektiviert, viktimisiert und homogenisiert.

Häufig bildet die Kategorie „Geschlecht" die einzige Differenz zwischen Menschen mit „Behinderung/en", die benannt wird. Frauen* mit „Behinderung/en" werden als doppelt diskriminierte Gruppe dargestellt. Dieses These der Mehrfachdiskriminierung arbeitet mit einem repressiven Machtverständnis und einer simplifizierenden Addition von Differenzen. Anders als Konzepte der Intersektionalität, die die Verwobenheit und das gegenseitige Durchdringen von Differenzkategorien herausstellen, werden in diesem Verständnis die Differenzkategorien Geschlecht und „Behinderung" essentialisiert und über Zeit und Raum hinweg universalisiert. Dass die These der Mehrfachdiskriminierung von Frauen* mit „Behinderung/en" nicht zwangsläufig eine gegenseitige Verstärkung von Sexismus und Ableismus bedeutet, zeigt die Analyse der Texte selbst. Denn die Thematisierung von Geschlechterdifferenz taucht in den Texten jeweils nur im Kontext der Milleniumsentwicklungsziele (MDG) auf, wenn auf das Ziel der Gleichstellung der Geschlechter (MDG 3) verwiesen wird. In diesem Kontext wird auf die Zusammenhänge zwischen reproduktiver Gesundheit und „Behinderung" sowie HIV/AIDS und „Behinderung" verwiesen. Reproduktive Gesundheit wird allerdings nur diskutiert, um aufzuzeigen, dass schlechte Gesundheitsversorgung während der Schwangerschaft oder Geburt die Ursache für „Behinderungen" bei Müttern sein kann. Frauen* werden in diesem Narrativ erst durch die Schwangerschaft „behindert", Frauen* mit „Behinderung/en", die schwanger werden, kommen in dieser Erzählung nicht vor. Sexualität von Menschen mit „Behinderung" bildet eine noch größere Leerstelle in den

Texten. Implizit taucht das Thema nur im Zusammenhang mit HIV/AIDS auf, wobei auch hier nur ein kurzer Verweis gemacht wird, dass Menschen mit „Behinderung/en" eine besonders vulnerable Gruppe für HIV/AIDS seien. Eine genauere Begründung für diese Vulnerabilität findet sich nicht in den Texten. Sexualität tritt demnach nur als Risiko und Gefahr in Erscheinung. Abgesehen von diesen sehr kurzen Textpassagen, erscheinen Menschen mit „Behinderung" als geschlechts- und sexualitätslose Subjekte.

Menschen mit „Behinderung" im globalen Süden werden in den untersuchten entwicklungspolitischen Texten also als homogene Gruppe passiver Opfer konstruiert, die arm und ungebildet, gleichzeitig mehr oder weniger geschlechtlos und asexuell sind. In Anlehnung an Chandra T. Mohantys Überlegungen zur Konstruktion der monolithischen Figur der „Third World Woman"[237], die in Abgrenzung zu *weißen* Frauen im globalen Norden konstruiert wird, kann deshalb von der Konstruktion von *Third World Crips* im Diskurs zu Inklusiver Entwicklung gesprochen werden.

Diese Konstruktion von *Third World Crips* ist mit kolonialen Repräsentationssystemen verstrickt, in denen der globale Süden gleichzeitig als Projektions- und Abgrenzungsfläche für den, sich als überlegen imaginierenden, globalen Norden dient. Der globale Süden wird als Ort des Horrors für Menschen mit „Behinderung/en" konstruiert, als eine Umgebung, die ihnen besonders feindlich gegenüber steht:

Angesichts einer dramatischen Unterversorgung mit strukturellen Angeboten und Teilhabemöglichkeiten in den südlichen Ländern, der Vernachlässigung in der Entwicklungspolitik und daraus folgenden Lebenssituationen, werden die Menschenrechte von behinderten Menschen vielfach verletzt.[238]

Viele von ihnen [Menschen mit ‚Behinderung', I.G.] haben ihr Leben lang das Ausgeschlossensein von gesellschaftlichen Prozessen erlebt.[239]

Die Lebensbedingungen sind geprägt von Unter- oder Mangelernährung, fehlender Trinkwasserversorgung und Abwasserbeseitigung, ungenügenden Wohnverhältnissen, fehlenden Bildungsmöglichkeiten, unzureichender Gesundheitsvorsorge, Missachtung der Menschenwürde und der Menschenrechte, Diskriminierung und sozialer Ausgrenzung.[240]

---

237 cf. Mohanty 1984
238 VENRO 2004, S. 5.
239 VENRO 2010, S. 10.
240 Bezev/ Handicap International 2009, S. 7.

Diese Darstellung, die suggeriert, dass Menschen mit „Behinderung/en" im globalen Süden ausschließlich Diskriminierung und Exklusion erfahren, verschleiert nicht nur deren eigenen Handlungsspielraum, sondern auch die Formen der Inklusion, die Menschen mit „Behinderung/en" in ihrem gesellschaftlichen Umfeld erfahren. Die komplexen Lebensrealitäten von Menschen mit unterschiedlichen Formen der „Behinderung" im globalen Süden werden durch diese Repräsentation auf den Faktor Exklusion reduziert.[241]
Darüber hinaus verdeckt dieser Diskurs Formen der Ausgrenzung, Diskriminierung und Gewalt, die Menschen mit „Behinderung/en" im globalen Norden erfahren. Durch die einseitige Darstellung des globalen Südens als Ort der Ausgrenzung und die Nichtbenennung der Verhältnisse im globalen Norden, wird der Eindruck der Progressivität westlicher Länder im Bezug auf Inklusion heraufbeschworen.

> A discourse that demeans Southern subjects is also detrimental at another level, because it deflects attention from ill-treatment, oppression and subjugation of disabled people in the West, as these spaces are constructed as infinitely more 'civilised', 'developed', 'caring', even 'human'.[242]

Ein Narrativ, dass „Behinderung" im globalen Süden durch vermeidbare oder behandelbare Krankheiten, Armut und Gewalt hervorgerufen wird und deswegen noch „tragischer" und „ungerechter" ist, verschleiert, dass auch im globalen Norden „Behinderung" häufig das Produkt von Armut, Gewalt, ungleich verteiltem Zugang zu medizinischer Versorgung und ungleicher Ressourcenverteilung ist.

> Disability outside the developed world more easily represents something that has to be prevented and eradicated because of its association with injustice and suffering, whereas the emphasis on disability prevention and eradication is often resisted by disability activism in Western countries where disability can be reconfigured as difference and source of pride and culture.[243]

Diese Repräsentation von Menschen mit „Behinderung/en" und ihren gesellschaftlichen Umfeldern im globalen Süden fungiert als Abgrenzungsfolie, über die sich *weiße*, „nicht-/behinderte" Subjekte im globalen Norden als

---

241   cf. Kim, Eunjung: „'Heaven for disabled people': nationalism and international human rights imagery". In: *Disability & Society* 26(1), 2011, S. 94.
242   Grech 2012, S. 60.
243   Kim 2011, S. 101.

gebildeter, zivilisierter und schlussendlich „progressiver" imaginieren können. Da das *Othering* von *Third World Crips* nicht ausschließlich über die
Kategorie „Behinderung" fungiert, steht diese Abgrenzungsfolie potentiell
auch Menschen mit „Behinderung" im globalen Norden offen. Der *weiße*
„nicht-behinderte" Körper bleibt als Norm im Zentrum, der Schwarze „behinderte" Körper immer dessen Abweichung und der globale Süden wird
zur Projektionsfläche ableistischer Fantasien.

Exemplarisch für die geradezu sinnbildliche visuelle Repräsentation dieser ableistischen *weißen* Fantasien kann die Kampagne „Ich kann Blinde
sehend machen", mit der die österreichische Nichtregierungsorganisation
LICHT FÜR DIE WELT 2008 um Spenden für rehabilitative Maßnahmen
für sehbehinderte und blinde Menschen in der sogenannten Dritten Welt
warb, herangezogen werden. Die Sujets der Kampagne können in zwei
Gruppen unterteilt werden: Sie bilden entweder eine *weiße* lächelnde Person
mit dem titelgebenden Zitat „Ich kann Blinde sehend machen" ab, oder
eine Schwarze Person, deren Gesicht im Bereich der Augen mit einer über-
dimensional großen Schleife verdeckt ist, die wie ein Geschenkband um den
Kopf gebunden ist.[244] Während die Betrachter_innen von den *weißen* Personen, denen eine sprechende Subjektposition („ich") zugeschrieben wurde,
sowohl einen Namen als auch einen Wohn- oder Herkunftsort erfahren,
erscheinen die Schwarzen Personen ohne Zitat, gleichsam ohne eigene Stim-
me, passiv und namenlos. Ihre Identität wird im kurzen Spendenaufrufstext
am unteren Bildrand auf die Information reduziert, dass sie „ein blinder
Mensch in der Dritten Welt" sind. Während die *weißen* und im Westen
verorten Subjekte also als aktive, handlungsmächtige Spender_innen und
Einzelpersonen dargestellt werden, werden die Schwarzen „behinderten"
Körper des globalen Südens als namenlose, homogene, hilfsbedürftige und
passive Objekte repräsentiert. Die überdimensionalen Schleifen verstär-
ken diese Objektifizierung noch zusätzlich, ist doch beim ersten Betrachten
nicht klar, ob die abgebildeten Personen nicht selbst das zu verschenkende
Objekt sind. Die Repräsentationsmuster der Kampagne „Ich kann Blinde
sehend machen" greift auf koloniale Bildtraditionen zurück, die erneut
der Versicherung einer *weißen* „westlichen" Identität als höherwertig und

---

244 LICHT FÜR DIE WELT: *Platz spenden, Licht schenken.* Letzter Zugriff: 13.04.2015,
http://www.lichtfuerdiewelt.at/content/platz-spenden-licht-schen-ken.

überlegen dienen. Die Organisation LICHT FÜR DIE WELT setzt mit dieser Kampagne in kolonialer und zivilisierungsmissionarischer Tradition dazu an, den „Anderen" im doppelten Sinne das Licht zu schenken: das Augenlicht und das Licht als Sinnbild der europäischen Aufklärung. Auch wenn in den letzten Jahren innerhalb der entwicklungspolitischen Gemeinschaft ein langsamer Sensibilisierungsprozess für rassialisierende und kolonialisierende Repräsentationsmuster zu beobachten ist, scheint dieser nichtig zu sein, wenn es sich um die Repräsentation Schwarzer „behinderter" Körper handelt.

Dieses Repräsentationsmuster stimmt auch mit jenem überein, das Samantha Whebi, Lindsay Elin und Yahya El-Lahib in ihrer Analyse von Dokumenten kanadischer Nichtregierungsorganisationen zu „Behinderung" identifizieren.[245] Sie arbeiten dabei heraus, wie die „Ableist Language" in diesen Dokumenten einerseits dazu beiträgt, Menschen mit „Behinderung/en" als Opfer zu konstruieren, die durch internationale Entwicklungsorganisationen „gerettet" werden müssen, andererseits beschreiben sie, wie der Fokus auf die individuelle Vulnerabilität von Menschen mit „Behinderung/en" auf einem medizinischen Verständnis von „Behinderung" beruht und die Handlungsmacht von Menschen mit „Behinderung/en" verschleiert. Schlussendlich argumentieren sie, dass diese Form der Repräsentation auf einem westlichen Ideal der Normalität beruht, an das der „behinderte" Körper angepasst werden soll.

Es lässt sich argumentieren, dass durch diese Setzung von „Behinderung" als Abweichung von Normalität in Verbindung mit dem Narrativ der Tragödie, der „behinderte" Körper erneut als Bedeutungsträger für die „Unterentwicklung" des globalen Südens fungiert, der von sich selbst aus nicht in der Lage ist, rehabilative Maßnahmen und antidiskriminatorische Praxen bereitzustellen, weshalb westliche Nichtregierungsorganisationen diese Aufgaben übernehmen müssen.[246] „Behinderung" wird in diesem Diskurs depolitisiert und enthistorisiert, Inklusive Entwicklung gibt vor, den „behinderten" Körper bereits als solchen vorzufinden und verschleiert

---

245 cf. Whebi, Samantha/ Elin, Lindsay/ El-Lahib, Yahya: „Neo-colonial discourse and disability: the case of Canadian international development NGOs". In: *Community Development Journal* 45(4), 2010, S. 404-422.
246 cf. Kim 2011, S. 95.

damit nicht nur die materielle Gewalt, die diese Körper erfahren, sondern auch wie diese Körper durch den Diskurs selbst erst hervorgebracht werden. Zusammenfassend lässt sich also feststellen, dass Menschen mit „Behinderung" im globalen Süden im Diskurs zu Inklusiver Entwicklung homogenisiert und viktimisiert werden, ihre diversen Erfahrungen und Lebensrealitäten sowie ihre Handlungsmacht und ihr Widerstand negiert werden und diese Konstruktion von hilfsbedürftigen *Third World Crips* der Legitimation von Entwicklungsinterventionen dient.

Zwischen Ermächtigung und (Re-)Kolonisierung. Inklusive Entwicklung als Menschenrecht

> Menschen mit Behinderung müssen verstehen, dass sie Rechte haben–Menschenrechte.[247]

Die Legitimation von Entwicklungsinterventionen im Sinne der inklusiven Entwicklungszusammenarbeit wird nicht nur über die Konstruktion hilfloser *Third World Crips* hergestellt, sondern beruft sich darüber hinaus explizit auf die internationale Gesetzgebung der UN-Konvention über die Rechte von Menschen mit Behinderung (UNCRPD).

Die Konvention wurde 2006 von der UN-Generalversammlung verabschiedet und ist 2008 in Kraft getreten. Sie ist ein völkerrechtlicher Vertrag, der die Menschenrechte von Menschen mit „Behinderung/en" konkretisiert und die Allgemeine Erklärung der Menschenrechte ergänzt.[248] Die 158 unterzeichnenden Staaten und Staatenverbünde verpflichten sich darin, die Rechte von Menschen mit „Behinderung/en" zu gewährleisten und zu schützen. Die Konvention wird von vielen Menschen mit „Behinderung/en" und ihren Stellvertreter_innen-organisationen als ein wichtiger Schritt zur Realisierung ihrer Rechte und einer gleichberechtigten gesellschaftlichen Teilhabe gewertet. Die Konvention wird von ihnen als Paradigmenwechsel im Sprechen und Handeln zu „Behinderung" gewertet, da sie anstrebt, Menschen mit „Behinderung/en" nicht länger als Objekte von *Charity*

---

247 VENRO 2004, S. 15.
248 Die Konvention über die Rechte von Menschen mit Behinderung ist die achte ergänzende Konvention zur Allgemeinen Erklärung der Menschenrechte, die seit 1948 verabschiedet wurde.

und medizinischen Behandlungen zu betrachten, sondern als Subjekte mit Rechten.[249]

Für die Entwicklungszusammenarbeit ist besonders der Artikel 32 der Konvention über internationale Zusammenarbeit bedeutsam. Mit diesem Artikel erkennen die unterzeichnenden Staaten und Staatenverbünde die Bedeutung internationaler Zusammenarbeit und deren Förderung zur Unterstützung der nationalen Umsetzung der Konvention an. Sie verpflichten sich dazu, zwischenstaatlich, aber auch gemeinsam mit zivilgesellschaftlichen Partner_innen, geeignete und effektive Maßnahmen zur Umsetzung der Konvention zu ergreifen. In Artikel 32 Absatz 1a verpflichten sie sich darüber hinaus dazu, dass internationale Zusammenarbeit – darunter auch internationale Entwicklungszusammenarbeit – inklusiv und für Menschen mit „Behinderung/en" zugänglich gestaltet wird.[250] Seit dem Inkrafttreten der Konvention haben Menschen mit „Behinderung/en" also einen Rechtsanspruch auf inklusive Entwicklungszusammenarbeit. Innerhalb entwicklungspolitischer Diskurse dient dieser als Referenzpunkt für die Legitimation inklusiver Entwicklungszusammenarbeit, die „Behinderung" aus einem menschenrechtlichen Ansatz heraus betrachten will.

Im Folgenden möchte ich drei Setzungen der UNCRPD problematisieren, die sich auch in den Referenzen innerhalb des Entwicklungsdiskurses widerspiegeln – zum einen den ihr zugrunde liegenden Behinderungsbegriff und zum anderen den eng damit verwobenen Universalitätsanspruch der Konvention sowie die Ausschlüsse, die mit einer Setzung von Menschen mit „Behinderung/en" als Rechtssubjekte einhergehen. Mit dieser Problematisierung möchte ich weder das Begehren nach Menschenrechten, die ermächtigenden Aspekte rechtlicher Anerkennung noch die langwierigen politischen Kämpfe, die schließlich zum Zustandekommen der UNCRPD geführt haben, diskreditieren. Mein Anliegen besteht vielmehr darin, die der Konvention inhärenten Widersprüche aufzuzeigen, die es zu bearbeiten gilt.

---

249 cf. Meekosha, Helen/ Soldatic, Karen: „Human Rights and the Global South: the case of disability". In: *Third World Quarterly* 32(8), 2011, S. 1384.

250 cf. United Nations: *Convention on the Rights of Persons with Disabilities*. 2006. Letzter Zugriff: 05.10.2013, http://www.un.org/disabilities/default. asp?id=259.

Sowohl Helen Meekosha und Karen Soldatic als auch Fiona Kumari Campbell haben herausgearbeitet, dass die UNCRPD auf einem westlichen Verständnis von „Behinderung" beruht.

Helen Meekosha und Karen Soldatic diskutieren in ihrem Artikel „Human Rights and the Global South: the case of disability" die Begrenzungen der UN-Konvention über die Rechte von Menschen mit Behinderung für Menschen mit „Behinderung/en" im globalen Süden. Sie kritisieren, dass die Konvention auf westlichen Vorstellungen von Behinderung aufbaut und die Erfahrungen und Vorstellungen von Menschen mit „Behinderung/en" im globalen Süden ausklammert.

> Northern discourses of disability rights have strongly influenced the UNCRPD. We argue that many of the everyday experiences of disabled people in the global South lie outside the reach of human rights instruments.[251]

Durch das Einschreiben von „Behinderung" in einen globalen Menschenrechtsdiskurs werden lokale Diskurse über „Behinderung" sowie lokale Praktiken im Umgang mit Menschen mit „Behinderung/en" marginalisiert und andere Verständnisse von „Behinderung" kolonisiert.

Auch Fiona Kumari Campbell argumentiert, dass die Normsetzung der Vereinten Nationen auf einem westlichen Verständnis von „Behinderung" aufbaut und dadurch indigene Verständnisse unsichtbar gemacht werden. Sie identifiziert diese Art der Normsetzung als eine Form des *Geodisability Knowledge*[252], in dem westliches Wissen über „Behinderung" gegenüber anderen Wissensformen privilegiert und universalisiert wird. Die UN-Definitionen sind für sie daher eine Regierungstechnik, die bestimmt, welche Körper als „behindert" angesehen werden und dadurch Zugang zu spezifischen Rechten haben.

> [T]he disabled subject needs a label, diagnosis and ascription – an enumerative passport so to speak – to negotiate, access and manoeuvre networks of social organisation and regimes of disability governance.[253]

Darüber hinaus liegt der Konvention ein ableistisches Verständnis von „Behinderung" zugrunde, das „Behinderung" zwar im Rahmen der

---

251 Meekosha/ Soldatic 2011, S. 1383.
252 Campbell 2011, S. 1455.
253 ibid., S. 1466.

Menschenrechte diskutiert, aber die Setzung von „Behinderung" als Normabweichung nicht auflöst. So wird beispielsweise auch in einer der Broschüren von VENRO mit dem „Recht auf körperliche und geistige Gesundheit" für Menschen mit „Behinderung/en" argumentiert, welches auch in Artikel 25 der UNCRPD anerkannt wird.[254] Ein Recht auf Krankheit und Behinderung ist in diesem Diskurs nicht intelligibel und bleibt unvorstellbar.

Im Diskurs über Inklusive Entwicklung als Menschenrecht werden „behinderte" Körper dabei zu Symbolen von Menschenrechtsverletzungen im globalen Süden. Sie symbolisieren jenes Unrecht, gegen das die UN-Konvention und, mit Bezug auf diese, die Akteur_innen der internationalen Entwicklungszusammenarbeit ankämpfen wollen. Menschen mit „Behinderung/en" werden hier erneut als Opfer traditioneller und rückständiger gesellschaftlicher Ordnungen im globalen Süden – als *Third World Crips* – imaginiert.

> Quite literally, these bodies become symbols of human rights violations; the particularities of their lives and bodily differences become imperceptible in the effort to symbolize their embodiment as a result of injustice. Extracted as a symbol of injustice, disabled bodies from non-Western countries represented in international humanitarian efforts [and in development discourse, I.G.] become a vehicle of message and the object of compassion and pity combined with complicity and guilt.[255]

Durch die UNCRPD wird „Behinderung" ein zentrales Anliegen eines menschenrechtsbasierten Entwicklungsansatzes Helen Meekosha und Karen Soldatic stellen fest:

> [D]isability as human rights has become the language of the state and international bodies such as the World Health Organization (WHO). Bureaucracies have mushroomed to implement and evaluate progress, often consuming large amount of state resources and the time and energy of activist organizations.[256]

Der Rekurs auf internationale Menschenrechte im Diskurs über Inklusive Entwicklung ist aber nicht nur aufgrund des, der UN-Konvention inhärenten, Behinderungsverständnisses zu kritisieren, sondern geht darüber hinaus mit einer weiteren problematischen politischen und philosophischen Setzung einher, die die Menschenrechte im Allgemeinen betreffen.

---

254 VENRO 2004, S. 8.; cf. United Nations 2006.
255 Kim 2011, S. 97.
256 Meekosha/ Soldatic 2011, S. 1387.

Postkoloniale Kritiker_innen wie Gayatri Chakravorty Spivak und Nikita Dhawan haben diese Problematik in ihren Arbeiten beleuchtet. In ihrer Kritik geht es ihnen weniger darum, zu fragen, ob die Menschenrechte auf einem westlichen und deshalb nicht universalisierbaren Verständnis von Recht beruhen. Vielmehr beschäftigt die Autorinnen die Frage, welche kolonialen Dichotomien in politische Praxen, die sich auf die Verteidigung der Menschenrechte beziehen, eingeschrieben sind.

Wie Spivak in ihrem Essay *Righting Wrongs* aufzeigt, ist die Idee der Menschenrechte eng verbunden mit der Vorstellung eines Richtens von Unrecht. Damit liegen der Vorstellung der Menschenrechte zwei binär gegenüberstehende Subjektpositionen zugrunde, auf der einen Seite jene, die Menschenrechte verletzen, auf der anderen Seite jene, die Menschenrechte schützen und verteilen.[257] Es gibt in diesem Sinne also Geber_innen und Empfänger_innen von Rechten oder Gerechtigkeit. Diese Positionen sind entlang globaler Macht- und Herrschaftsverhältnisse verteilt, wobei die Position der Geber_innen bestimmte Privilegien voraussetzt, die subalterne Subjekte nicht besitzen. Angesichts der Globalität der Menschenrechte stellt Spivak daher die Frage, wo diese Akteur_innen geopolitisch verortet sind, wo also jene lokalisiert werden, die Menschenrechte verletzen und jene, die sie schützen wollen. Eine kritische Auseinandersetzung mit einem menschenrechtsbasierten Entwicklungsansatz muss demnach den Blick auf die Politiken der Verortung richten, die diesem Ansatz inhärent sind. Eine solche Auseinandersetzung ist dringend notwendig, wie Andrea Cornwall und Celestine Nyamu-Musembi feststellen:

> Drawing attention to the shortcomings of the kind of rhetorical flirtation with rights that is evident in the international development community is critical at this juncture if a rights-based approach is to mean anything more than the latest flurry of cosmetic rhetoric with which to sell the same old development.[258]

Ein Blick auf diese Politik der Lokalisation führt unweigerlich zu der Frage wer wann aus welcher Position und warum über Menschenrechte spricht.

---

257 cf. Spivak, Gayatri Chakravorty: „Righting Wrongs". In: *The South Atlantic Quarterly* 103(2-3), 2004, S. 523-581.

258 Cornwall, Andrea/ Nyamu-Musembi, Celestine: „Putting the 'right-based approach' to development into perspective". In: *Third World Quarterly* 25(8), 2004, S. 1433-1434.

Oder, wie Spivak es formuliert: „[...] who always rights and who is peren-
nially wronged"[259]. Auch Nikita Dhawan formuliert eine ähnliche Frage,
wenn sie schreibt:

> Wodurch wird eine Gruppe von Personen oder Nationen dazu ermächtigt, im
> Interesse der weit entfernten ‚Anderen' zu handeln und jenen ein ebenso gutes
> Leben bescheren zu wollen, wie ‚wir' es haben?[260]

Eine genauere Auseinandersetzung mit den zugrundeliegenden Annahmen
des Menschenrechtsdiskurses zeigt auf, dass die oben erwähnten diametral
gegenüberstehenden Subjektpositionen bereits a priori verteilt werden. Die
Rolle der Verteiler_innen und Schützer_innen der Menschenrechte wird
den Akteur_innen im globalen Norden (und den postkolonialen Eliten)
zugeschrieben. Menschen im globalen Süden werden einerseits als die Ver-
letzer_innen der Menschenrechte konzipiert oder aber als jene, die erst
durch die Interventionen internationaler Entwicklungsorganisationen Zugang zu Rechten bekommen sollen. VENRO, wie auch andere Entwicklungsorganisationen, positionieren sich innerhalb dieser Dichotomie auf
der Seite der Verteiler_innen von Menschenrechten, wie das einführende
Zitat dieses Kapitels ausdrücklich zeigt. VENRO hat das Wissen darüber,
was Menschenrechte sind und will dieses Wissen an Menschen mit „Behin-
derung/en" im globalen Süden weitergeben, die „verstehen müssen, dass
sie Rechte haben"[261]. Diese Aussage zeigt deutlich, dass der Diskurs über
Menschenrechte und Inklusive Entwicklung auf der kolonialen Zweiteilung
der Welt basiert, in der die Subjekte im globalen Norden als „zivilisierter",
„moderner", „wissender" und „gerechter" – als kulturell überlegen – imaginiert werden, während die Subjekte des globalen Südens als „unzivilisiert",
„traditionell", „unwissend" und schlussendlich „ungerecht" repräsentiert
werden, weshalb sie von den Akteur_innen des globalen Nordens „gerettet"
werden müssen. Die koloniale Geste könnte nicht deutlicher sein.

> Der Neokolonialismus erhält sich somit – ähnlich wie der Kolonialismus – da-
> durch aufrecht, Gutes für ‚die Menschen' zu tun. Unter den derzeitigen Umständen

---

259 Spivak 2004, S. 527.
260 Dhawan, Nikita (2009): „Zwischen Empire und Empower: Dekolonisierung
     und Demokratisierung". In: *Femina Politica – die Zeitschrift für feministische
     Politikwissenschaft* 18(2), 2009, S. 53.
261 VENRO 2004, S. 15.

können folglich Reden von globaler Gerechtigkeit und Menschenrechten – wenn etwa eine kleine Gruppe von Institutionen, die entweder im Norden verortet ist oder durch ihn finanziert wird, das Unrecht der Welt richten möchten – den Verdacht eines neokolonialen Paternalismus hervorrufen.[262]

Auch Spivak argumentiert, dass in den Menschenrechtsdiskurs eine Form des Sozialdarwinismus eingeschrieben ist, da impliziert wird, dass diejenigen, die „weiter entwickelt", „gerechter" und „progressiver" sind, die Bürde tragen, das Unrecht der Anderen zu richten.[263] Das Vorhaben, das Unrecht der Anderen zu richten, basiert auf dem Glauben, dass diejenigen (*weißen*, westlichen Entwicklungsarbeiter_innen) einerseits genau wissen, worin die Ungerechtigkeit besteht und andererseits die Lösung für dieses Unrecht parat haben. Diese Dichotomisierung ermöglicht es den Entwicklungsorganisationen und ihren Akteur_innen, sich als moralisch überlegene „Helfer_innen" zu positionieren. Der zivilisierungsmissionarische Kern und Sendungsgedanke dieses Diskurses zeigt sich besonders schön im Titel der von der *Austrian Development Agency* herausgegebenen Leitlinien zu Inklusiver Entwicklung, die passender- wie ironischerweise den Untertitel „Inklusion als Menschenrecht und Auftrag"[264] tragen.

Das Sprechen über Menschenrechte ist demnach immer schon mit epistemischer Gewalt verstrickt. Mit der UNCRPD treten auch Menschen mit „Behinderung" in dieses Feld der epistemischen Gewalt und Re-Kolonisierung ein:

> Now that disability has been more strongly linked with development, we can see how disabled people in the global South can be seen as 'victims' of unsophisticated cultures and beliefs, while development and aid agencies run awareness workshops with the representatives of the 'savages'.[265]

Inklusion wird in dem Diskurs über Inklusive Entwicklung als Menschenrecht als ein exogen angeregter Prozess aufgefasst, bei dem das Wissen über Inklusion erneut im globalen Norden verortet wird.

Problematisch an dieser diskursiven Kolonisation durch den Rekurs auf Menschenrechte ist zugleich, dass globale Machtverhältnisse und deren historische Gewordenheiten nicht mit beachtet werden. Helen Meekosha und

---

262 Dhawan 2009, S. 60.
263 cf. Spivak 2004, S. 523-524.
264 Austrian Development Agency (ADA): 2013.
265 Meekosha/ Soldatic 2011, S. 1389.

Karen Soldatic zeigen auf, dass die UNCRPD keinen Raum bietet, Fragen der Umverteilung von Macht und Ressourcen zu thematisieren:

> Under the UNCRPD and the internationalising project of disability rights, those who have been 'impaired' through processes of imperialism and colonisation receive little attention for their claims for redistributive justice.[266]

Darüber hinaus setzt die UNCRPD Staatsbürger_innenschaft als Prinzip zur Anerkennung von Rechten voraus. Damit ist es einerseits unmöglich, Klage gegenüber transnationalen Organisationen wie der Weltbank oder den Internationalen Währungsfonds zu erheben, andererseits können Flüchtlinge, Asylwerber_innen und undokumentierte Migrant_innen mit „Behinderung/en" in ihren Aufenthaltsländern, in denen sie keine Staatsbürger_innenschaft besitzen, keine Rechte unter Bezug auf die UNCRPD einfordern.[267]

Kann ausgehend von diesen postkolonialen und *Crip*-Kritiken an der Sprache und Politik der Menschenrechte geschlussfolgert werden, dass diese per se abzulehnen sind?

Trotz der problematischen politischen Setzungen des Menschenrechtsdiskurses warnen Spivak und Dhawan davor, aufgrund dieser Kritik Menschenrechte komplett zurückzuweisen, da der Zugang zu Rechten gleichzeitig ermächtigend sein kann. Auch Wendy Brown beschreibt Rechte in Bezug auf Spivak als „[...] that which we cannot not want"[268]. Die Kritik an Menschenrechten befindet sich somit in einem Paradox, da es einerseits notwendig erscheint, diese auf ihre politischen und philosophischen Setzungen hin zu befragen, sie andererseits aber nicht zurückgewiesen werden können. Denn obwohl Menschenrechte koloniale Dichotomien reproduzieren, ist rechtliche Anerkennung dennoch ermächtigend, da auf ihrer Grundlage Zugänge zu Ressourcen eingefordert und diskriminatorische Praxen angeklagt werden können. Spivak versteht Rechte daher als eine „befähigende Verletzung", da der Rekurs auf Menschenrechte auch Zugang zu Ressourcen bietet und somit neue

---

266 ibid., S. 1391-1392.
267 cf. Soldatic, Karen/ Grech, Shaun: „Transnationalising Disability Studies: Rights, Justice and Impairment". In: *Disability Studies Quarterly* 34(2), 2015. Letzter Zugriff: 17.9.2014, http://dsq-sds.org/article/view/4249/3588.
268 Brown, Wendy: „Suffering Rights as Paradoxes". In: *Constellations. An International Journal of Critical and Democratic Theory* 7(2), 2000, S. 231.

Handlungsmacht generiert: „One cannot write off the righting of wrongs. The enablement must be used even as the violation is renegotiated".[269] Die epistemischen Setzungen der Menschenrechte sind im Kontext globaler Herrschaftsverhältnisse zwangsläufig gewaltvoll und verletzend, wirken zugleich aber auch befähigend.

Spivak und Dhawan fordern daher einen epistemischen Wandel, da durch die Normen der Anerkennung die Forderungen subalterner Subjekte nicht lesbar – nicht intelligibel – sind. Aus einer *crippen* Perspektive muss dieser angestrebte epistemische Wandel nicht nur das von Dhawan und Spivak angesprochene vergeschlechtlichte, subalterne Subjekt mit einbeziehen, sondern auch Raum öffnen für alternative Körper- und Subjektimaginationen, da Anerkennung im Rahmen der UNCRPD auf westlichen und ableistischen Normen beruht und daher nicht zu Gunsten von Menschen mit „Behinderung/en" im globalen Süden und deren Selbstidentifikationen ausfällt. Aus einer *Crip Theory* Perspektive ist insbesondere die ableistische Normierung, die mit dem Anspruch einhergeht, Menschen mit „Behinderung/en" zu Rechtssubjekten zu machen, zu problematisieren. In einem westlich geprägten Verständnis von Rechtssubjektivität, wie es im Diskurs zu Inklusiver Entwicklung vorherrscht, werden notwendigerweise ableistische Ausschlüsse produziert, da die Vorstellung, Rechte haben zu können mit Anforderungen von Selbstständigkeit, Mündigkeit und Fähigkeit verbunden ist – somit also im Kern bereits ableistisch abgelegt ist. Die Forderung, Menschen mit „Behinderung/en" in einen Rechtsdiskurs einzugliedern, beruht auf einem Zwang zu *Able-Bodiedness* und noch viel stärker einem Zwang zu *Able-Mindedness*. Nur eine epistemische Transformation – also eine Verschiebung der Verstehensbedingungen – von Rechtlichkeit kann zu einer subversiven Aneignung der Sprache der Menschenrechte führen und westliche Hegemonien dezentieren.

Die derzeitigen Bemühungen der Vereinten Nationen durch die UNCRPD sowie der Entwicklungsorganisationen, die als Vertreter_innen dieser Rechte auftreten, das Unrecht, das Menschen mit „Behinderung/en" im globalen Süden erfahren, zu richten, können also ermächtigende Wirkungen haben, sind aber immer unzureichend, da sie koloniale und ableistische Dichotomien

---

269 Spivak 2004, S. 524.

reproduzieren. Die Anerkennung der widersprüchlichen Implikationen und Paradoxien der Menschenrechte im Allgemeinen und des Spannungsverhältnisses, in dem Entwicklungsorganisationen, die mit Bezug auf die UN-CRPD arbeiten, im Besonderen sowie das Zugeständnis, dass deren Ziele im Rahmen eines von kolonialisierenden Diskursen geprägten Projekts der Entwicklung nicht erreicht werden können, ist vielleicht der erste Schritt in Richtung einer radikalen und transformativen Politik der Menschenrechte. Allerdings ist es durch deren Einbettung in (neo)koloniale Herrschaftsverhältnisse zweifelhaft, ob internationale Entwicklungsorganisationen selbst die Akteur_innen stellen, die diesen notwendigen Kampf um Rechte führen können, der eine solche transformative Politik herbeiführen soll.

„Entwicklung" befähigen? Planung, Messung und Durchführung von Inklusion in der Entwicklungs-Maschine

Im Folgenden möchte ich mich der Frage widmen, wie „Behinderung" im Diskurs mit Inklusiver Entwicklung in die Entwicklungsmaschine eingelassen und eingebettet wird. Ich beziehe mich damit zunächst auf James Fergusons Konzeption von Entwicklung als Anti-Politik-Maschine, während ich die Analyse mit Bezug zu Pieter de Vries Konzept von Entwicklung als Wunschmaschine im darauf folgenden Kapitel vertiefen möchte.

Als Grundlage für die Analyse ziehe ich exemplarisch das 2010 von VENRO publizierte Handbuch zum Thema Inklusive Entwicklung heran, da es im Vergleich zu anderen Publikationen den umfangreichsten Praxisteil mit Beispielen und Tipps zur Umsetzung inklusiver Entwicklungszusammenarbeit beinhaltet. Der Praxisteil des Handbuchs formuliert Empfehlungen zur Einbeziehung von Menschen mit „Behinderung/en" in die Entwicklungszusammenarbeit und orientiert sich dabei an den Hauptphasen eines Projektzykluses – Situationsanalyse, Planung, Durchführung und Evaluation. Zur jeder dieser vier Hauptphasen werden eigene Unterkapitel formuliert. Diese enthalten Strategien zur Einbeziehung von Menschen mit „Behinderung/en" in die jeweiligen Projektphasen, Informationen zu möglichen Schwierigkeiten, Checklisten und Hinweise zu zusätzlich anfallenden Kosten.

Abgesehen von der Kritik, dass der Projektzyklus an sich eine normative Setzung ist, die impliziert, dass alle Entwicklungsprojekte dem selben Ablauf folgen sollen, ist es der ungebrochene Glaube an Inklusive Entwicklung, beziehungsweise das Projekt Entwicklung selbst, das ich im Folgenden kritisch betrachte.[270]

Der besagte Glaube an die Fortschrittsversprechungen von „Entwicklung" wird besonders in den vorgestellten Projektbeispielen deutlich. Diese werden als eine Form des *Best Practice* inszeniert, die zeigen sollen, wie Inklusion erfolgreich umgesetzt werden kann. In Rückbezug auf Escobars These, dass „Entwicklung" sich durch die Entdeckung von neuen Problemen immer wieder neu erfindet, kann auch Inklusive Entwicklung als ein solcher Prozess der Resignifikation von „Entwicklung" verstanden werden, in dem ein neues, vorher nicht beachtetes Problem kreiert wird, für das „Entwicklung" die Lösung bereitstellt. Nur wenn dieses erfolgreich bearbeitet wird, können die Ziele von „Entwicklung" schlussendlich doch erreicht werden. Der Glaube an die Entwicklungsversprechen und deren Verknüpfung mit Inklusionsdiskursen tritt besonders in folgenden Zitaten zu Tage:

> Weltweit gibt es rund 650 Millionen Menschen mit Behinderung, geschätzte 80 Prozent von ihnen leben in Entwicklungsländern. Laut Statistiken der Vereinten Nationen lebt eine große Mehrheit dieser Gruppe, nämlich 82 Prozent, unterhalb der Armutsgrenze. [...] Deshalb kann die weltweite Armutsbekämpfung nur wirksam sein, wenn Menschen mit Behinderung mitberücksichtigt werden.[271]

> Die Entwicklungsziele können ohne die Einbeziehung von Menschen mit Behinderungen nicht erreicht werden, da diese in allen Zielgruppen enthalten sind.[272]

Auffällig ist der diesen Zitaten zugrunde liegende Effektivitäts- und Wirksamkeitsdiskurs, der Menschen mit „Behinderung/en" als brachliegende Ressource konzipiert. Menschen mit „Behinderung/en" werden hier als wirtschaftliche Akteur_innen gefasst, deren Arbeitskraft bislang ungenutzt bleibt und sogar zusätzlich die „Arbeitskraft und Zeit der Familienmitglieder, die sie betreuen, [binden]"[273]. Dieses Argument kommt vor allem in Bezug auf die Milleniumsentwicklungsziele (MDGs) und deren angestrebte Halbierung weltweiter Armut häufig zum Einsatz. Die Ziele können, so wird

---

270 cf. Maral-Hanak, Irmi: *Language, Discourse and Participation: Studies in Donor-Driven Development in Tanzania*. LIT Verlag: Wien/ Berlin 2009, S. 76.

271 VENRO 2010, S. 6.

272 ibid., S. 11.

273 Bezev/ Handicap International 2009, S. 9.

argumentiert, nur erreicht werden, wenn Menschen mit „Behinderung/en" in die Entwicklungszusammenarbeit einbezogen werden. Dieser Effektivitäts- und Wirksamkeitsansatz beruht auf einem neoliberalen Entwicklungs- und Inklusionsdiskurs. Einerseits wird Entwicklung als wirtschaftliches Wachstum begriffen, andererseits wird impliziert, dass die Partizipation an eben jenem Wachstum Ziel der entwicklungspolitischen Inklusionsbestrebungen ist. Inklusive Entwicklung setzt also dazu an, die Produktivität von Menschen mit „Behinderung/en" anzuregen und für das Projekt Entwicklung nutzbar zu machen. Denn, „[...] wenn Menschen nicht arbeiten können, geht Arbeitskraft für die Wirtschaft verloren"[274]. Die Fähigkeit zur Inwertsetzung von Arbeitskraft wird somit zur Voraussetzung von Inklusion. Menschen mit „Behinderung/en", die diese Voraussetzung nicht erfüllen, fallen damit aus dem Raster inklusiver Entwicklungsvorhaben heraus. Der Diskurs zu Effektivität und Wirksamkeit spiegelt sich auch in immer wiederkehrenden Kosten-Nutzen-Diskursen wider. So findet sich in der Diskussion des Projektzyklus im VENRO-Handbuch zu Inklusiver Entwicklung nach jeder Projektphase ein Abschnitt zu zusätzlich anfallenden Projektkosten. Wiederholt wird hier versichert, dass durch das Einbeziehen von Menschen mit „Behinderung/en" keine oder nur geringe zusätzliche Kosten anfallen.[275] Dahingehend lässt sich der Titel des bis 2014 europaweit durchgeführten Projekts „End Exklusion – Let's Enable the Development Goals" fast schon als selbstironischer Referent lesen, verdeutlicht er doch auf grausame Weise, dass Inklusive Entwicklung viel mehr dazu beiträgt, „Entwicklung" zu befähigen, als Exklusion zu beenden.

Mit der Forderung Menschen mit „Behinderung/en" in alle Bereiche der Entwicklungspolitik und -zusammenarbeit einzubeziehen, geht auch die Forderung einher, Menschen mit „Behinderung/en" in Prozesse der Armutsreduktion, wie sie derzeit durch die Poverty Reduction Strategy Papers (PRSP) umgesetzt werden, zu inkludieren.[276] Dass die neoliberalen Politiken, die unter dem Dach der PRSP umgesetzt werden, „Behinderung" produzieren und durch die Kürzungen von staatlichen Unterstützungsmaßnahmen häufig Menschen mit „Behinderung/en" besonders stark betreffen, wird

---

274 Bezev 2011, S. 6.
275 cf. VENRO 2010, S. 20; S. 26; S. 29-30; S. 32.
276 cf. ibid., S. 14.

nicht beachtet. Dass Entwicklung als gewaltvoller Diskurs „Behinderung" auf struktureller, symbolischer und diskursiver Ebene produziert, wird ignoriert. Stattdessen manifestiert sich ein Verbesserungsparadigma, das impliziert, dass die Maßnahmen nicht daran scheitern, dass sie strukturelle Ungleichheiten nicht beachten, sondern es lediglich die Inklusion von Menschen mit „Behinderung/en" (oder vormals „Frauen", „Farmer_innen", „Analphabet_innen") in das Projekt Entwicklung braucht, damit dieses schlussendlich doch funktionieren kann.[277]

Um den Erfolg der Inklusion zu messen findet sich im Anhang des Handbuchs eine der oben bereits erwähnten *Toolboxen* des Projekts *Making Development Inclusive* übernommene Liste mit *Disability Sensitive Indicators*. Diese beziehen sich auf die Sektoren Bildung, Gesundheit und Rehabilitation, Wasser und Sanierung, HIV/AIDS und die Unterstützung nicht-staatlicher Akteur_innen wie Disabled People's Organisations (DPO). Die Indikatoren orientieren sich an den drei Ebenen *Output*, *Outcome* und *Impact*. Diese Indikatoren zeigen auf, wie Inklusion technokratisiert und dabei gleichzeitig depolitisiert wird. Inklusion wird hier als etwas dargestellt, das anhand der Anzahl an zugänglichen Gebäuden, finanzierten Stellen oder ausgebildeten Sonderpädagog_innen ablesbar sei.

Die Anforderungen an die Planung und die unterstützenden Maßnahmen, die ergriffen werden sollen, betreffen zum größten Teil Fragen der Barrierefreiheit von Räumen und Kommunikationsmitteln. Ein diskursiver Wandel im Denken und Sprechen über „Behinderung" lässt sich davon jedoch nur bedingt ableiten. So wichtig der Versuch ist, eine barrierearme Umgebung zu kreieren, geht dieser Versuch jedoch nicht automatisch mit einem Wertewandel hinsichtlich „Behinderung" als Normabweichung einher.

Die angeführten Beispiele zeigen meiner Ansicht nach deutlich, dass auch Inklusive Entwicklung nur eine weitere Form der Neuerfindung von „Entwicklung" ist, die sich in keinster Weise vom Fortschrittsnarrativ von Entwicklung abwendet, sondern lediglich einen Versuch darstellt, das bisherige Scheitern von Entwicklung durch depolitisierte Maßnahmen zu „korrigieren". Wie Hanna Hacker bemerkt, ist „Development […] die Vernichtung der Möglichkeit, in politischen Begriffen zu denken und zu sprechen"[278].

---

277 cf. Escobar 2012 [1995], S. 41.
278 Hacker 2012, S. 97.

Durch den Eintritt von „Behinderung" in den Entwicklungsdiskurs im Rahmen Inklusiver Entwicklung wird ein politisiertes Sprechen und Denken über die Zusammenhänge von globalen Ungleichheiten, „Entwicklung" und „Behinderung" verunmöglicht.

Inkludierende oder exkludierende Entwicklung? Neoliberale Logiken der Normalisierung, rehabilitative Verheißungen und institutionalisierter Ableismus

„Inklusion" ist ein, wenn nicht sogar *das,* Schlagwort (westlicher) Behindertenbewegungen, das als Zielvorstellung gesamtgesellschaftlicher Veränderungen artikuliert wird und auch für die *Disability Studies* ist die „Epistemologie der Inklusion", wie Simi Linton sie nennt, zentral.[279] „Inklusion" wird dabei im Gegensatz und in Abgrenzung zum Begriff „Integration" verwendet. Während Integration die Einbeziehung einer Minderheit in eine Mehrheit bezeichnet, bei der die Minderheit Anpassungsleistungen erbringen muss während die Mehrheit sich nicht grundlegend verändern muss, wird Inklusion als umfassender gesellschaftlicher Wandel verstanden, an dessen Endpunkt eine gleichwertige Heterogenität, beziehungsweise ein Miteinander trotz Differenzen steht. Das Schlagwort „Inklusion" wurde vor allem in Westeuropa und den USA benutzt, um als emanzipatorisch verstandene sozialpolitische Ansätze einzuführen. Dies betrifft vor allem die Bereiche Bildung (Stichwort „Inklusive Pädagogik") und Arbeitsmarkt (Stichwort „Inklusion am Arbeitsplatz"). Inklusion wird dabei als Erfolg versprechendes Schlagwort eingesetzt, das ein Ende exkludierender Verhältnisse verspricht. McRuer hält für den US-amerikanischen Raum fest:

> Independence and inclusion have been so measurably successful as disability keywords – helping to secure access to a wider range of housing options [...]; providing leverage for the elimination of discrimination in education, employment, voting rights; locating disabled people within public spaces and public cultures – that it is easy to forget that they are in fact part of larger vocabularies [...]. Forgetting that independence and inclusion are part of larger, fully historical vocabularies is facilitated by how readily the keywords – again, because of the successes they have effected – can be situated, in a way, at the end of disability history. If, in other words, medical models most prominently, but also varied and at times competing

---

279   cf. Linton 1988a, S. 527.

models of eugenics, charity, pity, dependency, and freakery are undeniably part of disability's history, then independence and inclusion – and the minority model that often holds those concepts precious if not self-evident – can be deployed to mark a necessary and liberatory end to that history.[280]

Diese selbsterklärend positive Setzung von Inklusion lässt sich auch für die deutschsprachige Verwendung des Begriffes feststellen. Inklusion ist in diesem Diskurs mit zwei Bedeutungen versehen. Einerseits bezeichnet Inklusion eine wünschenswerte Zukunft, die aber noch nicht erreicht ist, andererseits bezeichnet der Begriff aber auch die Maßnahmen und Politiken, die eingeführt werden, um auf diese Zukunft hinzuarbeiten. Inklusion wird dabei als Gegenbegriff zu Exklusion konzipiert und bezeichnet einen reformistischen Politikansatz. Im Folgenden möchte ich ausführen, wie die Rhetorik der Inklusion in den Entwicklungsdiskurs eingeführt wird und was passiert, wenn sich „Entwicklung" das Vokabular der Inklusion aneignet. Meiner Ansicht nach ist es sowohl für die Entwicklungsforschung als auch für die *Disability Studies* notwendig, der Verkettung von „Inklusion", „Entwicklung" und neoliberalen Logiken der Normalisierung kritische Aufmerksamkeit zu schenken.

Die oben beschriebene philosophische Setzung von Inklusion als imaginierter Endpunkt und gleichzeitig als handlungsanleitendes Moment wird auch im Projekt der Inklusiven Entwicklung übernommen und fortgeführt. Die Anerkennung von bestehender Exklusion ist die Aussagebedingung für eine solche Forderung nach Inklusion, ebenso wie die unhinterfragte Annahme, dass Inklusion positiv ist und Menschen mit „Behinderung/en" in die Entwicklungszusammenarbeit inkludiert werden wollen. Gleichzeitig lässt sich feststellen, dass Inklusion innerhalb des Entwicklungsdiskurses auch als leerer Containerbegriff fungiert, der selten ausdefiniert wird. Genau diese Begriffs- und Bedeutungsoffenheit und die Assoziation von Inklusion mit Glück, Gerechtigkeit und „gutem" Leben ermöglicht die Verschleierung seiner Gewaltförmigkeit.

Durch die Setzung von Inklusion als Ziel entwicklungspolitischer Interventionen produziert der Diskurs ein Begehren nach Inklusion als utopische Zukunftsvorstellung, die durch die Projekte und Programme Inklusiver

---

280 McRuer, Robert: „Taking It to the Bank: Independence and Inclusion on the World Market". In: *Journal of Literary Disability* 1(2), 2007, S. 6.

Entwicklung erreicht werden soll. Die politischen Rahmenbedingungen, in die hinein inkludiert werden soll, werden dabei selten hinterfragt. Inklusive Entwicklung fragt nicht danach, welche gewaltvollen Ausschlüsse durch das Projekt „Entwicklung" selbst passieren, sondern setzt sowohl „Inklusion" als auch „Entwicklung" als positive Begriffe, die mit den Vorstellungen von „Verbesserung" und „Ermächtigung" verknüpft werden.

> More simply, including disabled people in development is seen as a logical and justified demand, dependent on the inherent assumption that development is positive, empowering or at least not harmful.[281]

Die Frage, inwiefern „Entwicklung" auf struktureller Ebene globale Ungleichheiten aufrecht erhält und produziert, wird nicht gestellt. Auch die kolonialen und neoliberalen Diskurse und Praktiken, die mit „Entwicklung" verbunden sind, werden nicht hinterfragt. Inklusion wird als Inkorporation in bestehende Strukturen gedacht, während die Macht- und Herrschaftsverhältnisse dieser Strukturen nicht beachtet werden.[282] Rebecca Yeo hält fest, dass diese fehlende Auseinandersetzung mit strukturellen Ungleichheiten dazu führt, dass viele Akteur_innen der Behindertenbewegung für Inklusion in ein System plädieren, das von anderen marginalisierten Gruppen kritisiert wird:

> This leads to the bizarre situation in which many other marginalised groups are campaigning against the dominant neoliberal globalisation agenda [...], identifying it as the root cause of poverty, whilst the disability movement almost unquestioningly campaigns for inclusion within this agenda.[283]

Der Entwicklungsdiskurs wird also weder hinsichtlich seiner kolonialisierenden und rassialisierenden Gewalt befragt noch explizit hinsichtlich jener Machtwirkungen auf Menschen mit „Behinderung/en".[284]

---

281 Grech, Shaun: „Recolonising debates or perpetuated coloniality? Decentring the spaces of disability, development and community in the Global South". In: *International Journal of Inclusive Education* 15(1), 2011b, S. 93-94.

282 cf. ibid., S. 88.

283 Yeo, Rebecca: „Disability, Poverty and the 'New' Development Agenda". In: Albert, Bill (Hrsg.): *In or out of the Mainstream? Lessons from Research on Disability and Development Cooperation.* Leeds: Disability Press: Leeds 2006, S. 74.

284 cf. Grech 2011b, S. 93

Macht wirkt innerhalb Inklusiver Entwicklung über Prozesse der Normalisierung, die wiederum die konzeptuelle Basis von Inklusion bildet. Dabei werden folgende Techniken der Normalisierung besonders hervorgehoben: Inklusive Bildung, Arbeit und Beschäftigung (Kleinkredite und einkommensfördernde Maßnahmen) und medizinische Rehabilitation (Therapie, Operationen, Medikamentierung und Prothesen). Diese Techniken orientieren sich hinsichtlich der angestrebten Produktivität von Menschen mit „Behinderung/en" im Sinne einer effektiven Armutsbekämpfung an den Normen und Funktionserwartungen einer neoliberalen Leistungsgesellschaft und sind damit bereits im Kern ableistisch angelegt. Zwar setzen die Normalisierungsstrategien nicht ausschließlich am Individuum selbst an, sondern betreffen auch die gesellschaftliche Umwelt, trotzdem fordern die Normalisierungsprozesse eine Anpassung von Menschen mit „Behinderung/en" an eine vermeintliche „nicht-behinderte" Normalität.

Um diese These zu verdeutlichen, möchte ich im Folgenden einen kurzen Abriss über die einzelnen Techniken der Normalisierung und ihre jeweiligen ableistischen Setzungen geben.

Inklusive Bildung, die mit dem Ziel antritt, allen Kindern den gleichen Zugang zu Grundschulbildung zu ermöglichen, ist eines der drei zentralen Felder, an denen Inklusive Entwicklung mit Rückbezug auf die Milleniumentwicklungsziele (MDG 2: Grundschulbildung für alle Kinder ermöglichen) ansetzt. Inklusive Bildung beinhaltet zwar häufig eine Anpassung der Lehrmethoden und des Schulsettings an die Bedürfnisse von Kindern mit „Behinderung/en", stellt jedoch die ableistischen Wissensarchive des Lehrinhalts nicht in Frage. Das Wissen und die gelebten Erfahrungen von Menschen mit „Behinderung/en" werden nicht (zwangsläufig) zum Gegenstand des Unterrichts und erfahren als solche keine Anerkennung. Dass sich hinter dem Label „Inklusive Bildung" häufig auch erneute Mechanismen der Selektion verbergen, wird ebenfalls verschleiert. Denn wie Mitchell, Snyder und Ware feststellen, ist eines der Hauptziele inklusiver Bildung: „to pass as non-disabled"[285.] Dementsprechend werden eher solche Kinder, die den

---

285 Mitchell, David T./ Snyder, Sharon L./ Ware, Linda: „'[Every] Child Left Behind': Curricular Cripistemologies and the Crip/ Queer Art of Failure". In: *Journal of Literary & Cultural Disability Studies* 8(3), 2014, S. 295.

ableistischen Normvorstellungen möglichst genau entsprechen, in inklusive Bildungseinrichtungen platziert.

Besonders anschaulich lassen sich die Techniken der Normalisierung und die damit verbundenen Vorstellungen einer besseren Zukunft am Beispiel der rehabilitativen Verheißungen aufzeigen, die Inklusive Entwicklung mit sich bringt. Exemplarisch möchte ich hierfür den Slogan „Schenken Sie Zukunft" von LICHT FÜR DIE WELT heranziehen, mit dem die Organisation um Spenden für Kinderpatenschaften, Rehabilitation und medizinische Versorgung wirbt.[286] Eine gute oder bessere Zukunft wird hier als ein Leben ohne „Behinderung" imaginiert, „Behinderung" ist die Anti-These zu Zukunft und „Entwicklung". Zukünftigkeit und gleichsam „Entwicklung" werden nur über Rehabilitation denkbar, ohne sie haben Menschen mit „Behinderung/en" keine Zukunft. Dieses dominante Narrativ der Verzeitlichung von „Behinderung" wird von Alison Kafer als *Curative Time* bezeichnet:

> [...] a time frame that casts disabled people [as] out of time, or as obstacles to the arc of progress. In our disabled state, we are not part of the dominant narrative of progress, but once rehabilitated, normalized and hopefully cured, we play a staring role: the sign of progess, the proof of development, the triumph over the mind and body.[287]

Das Einbetten von „Behinderung" in Fortschrittlichkeits- und Zukunftsdiskurse von Entwicklung wird erst durch eine Angleichung des „behinderten" Körpers an ableistische Normen möglich. „Behinderungen", die von solchen Normalisierungstechniken nicht erfasst werden (können), die nicht zur Rehabilitation fähig sind, bleiben abjekt. In Rückbezug auf meine Überlegungen im einleitenden Kapitel zur Verzeitlichung von „Behinderung" und „Entwicklung" lässt sich folglich feststellen, dass der „behinderte" Körper im globalen Süden gleich auf zweifache Weise auf einer universal gedachten Zeitachse nach hinten projiziert wird. Erst die Rehabilitation und Überwindung der „Behinderung" ermöglicht in dieser Logik den Eintritt in „Entwicklung" und damit eine Angleichung an normative Zeitlichkeit.

---

286 LICHT FÜR DIE WELT – Christoffel Entwicklungszusammenarbeit (Hrsg.): *Tätigkeitsbericht 2013/ 2014*. Bericht. Wien 2014, S. 10.
287 Kafer 2013, S. 28.

Auch in der Verknüpfung von Inklusion mit dem Ziel der Armutsreduzierung läuft Inklusive Entwicklung Gefahr, wieder Ausschlüsse zu produzieren. Denn die von Vertreter_innen Inklusiver Entwicklung vorgeschlagenen Arbeits- und Beschäftigungsmaßnahmen orientieren sich an den Normen wirtschaftlicher Produktivität. Dies führt dazu, das Menschen mit „schweren Behinderungen", denen im neoliberalen Kapitalismus eine Anerkennung von Produktivität verweigert wird, erneut marginalisiert und vom Projekt der Inklusiven Entwicklung ausgeschlossen werden. Es lässt sich feststellen, dass innerhalb des Diskurses zu Inklusiver Entwicklung ein breiter Behinderungsbegriff dominant vertreten ist, der nicht zwischen verschiedenen Formen der Beeinträchtigung unterscheidet, dadurch aber erneut jene Menschen, die besonders stark marginalisiert sind, unsichtbar macht.

> What emerges perhaps most clearly is that the neoliberal stance is built around, necessitates and promulgates normalised able-bodiedness, a clear paradox in the rhetoric of inclusive development – *development is not for every 'body'*.[288]

Es findet also eine Trennung statt zwischen jenen Menschen mit „Behinderung/en", die in das Projekt „Entwicklung" inkludiert werden können und jenen, die in neoliberale Verhältnisse nicht inkludierbar sind. Körper mit „schweren" oder „schwersten Behinderungen" sind im Entwicklungsdiskurs trotz der Inklusionsbemühungen weiterhin nicht intelligibel.

Inklusive Entwicklung greift dabei auf liberale Gleichheitsdiskurse zurück, die sich rund um die Vorstellung eines autonomen Subjekts formieren. Zusammengefasst liegt der „Erfolg" inklusiver Entwicklungsvorhaben also weniger in der Beendigung von Exklusion als in der Normalisierung und Disziplinierung bestimmter „behinderter" Subjekte. Wie Fiona Kumari Campbell formuliert:

> The working model of inclusion is really only sucessful to the extent that people with disabilities are able to 'opt in' or be assimilated through being countable, categorisable, rehabilitatable and employable.[289]

Inklusive Entwicklung kann daher als exkludierende Inklusion verstanden werden. Diese ableistische Exklusion ist bereits im Grundgedanken des neoliberalen Entwicklungskonzepts enthalten, weshalb ich vorschlagen

---

288   Grech 2011b, S. 96. [Hervorhebung im Original]
289   Campbell 2013, S. 213.

möchte Inklusive Entwicklung im widersprüchlichen Kontext eines institutionalisierten Ableismus zu betrachten. Die Projekte, die im Rahmen inklusiver Entwicklungszusammenarbeit umgesetzt werden, tragen dazu bei, Menschen mit „Behinderung/en" in ein globales Machtgefüge und dessen Regelsysteme und Normen einzugliedern und sie dadurch kontrollierbar zu machen. Neben vielen anderen Achsen der Diskriminierung beruht dieses globale Machtgefüge auf einer dichotomen Trennung von „Behinderung" und „Nicht-Behinderung", die im Rahmen internationaler Regelwerke institutionalisiert ist. Das Begehren nach Inklusion kann unter diesen Umständen also nicht eingelöst werden, weshalb die Utopie von Inklusiver Entwicklung notwendigerweise immer unzureichend bleiben muss.

Die Nicht-Performativität Inklusiver Entwicklung

In Anbetracht der homogenisierenden Konstruktion von *Third World Crips*, der problematischen Verknüpfung mit Menschenrechten, in die immer bereits die binäre Setzung von Verteiler_innen und Empfänger_innen von Rechten eingeschrieben ist, der Depolitisierung und Technokratisierung von Inklusion durch die Eingliederung in die Entwicklungsmaschine sowie der Normalisierungsprozesse, die mit Inklusion einhergehen, lässt sich die Frage formulieren, ob Inklusive Entwicklung das „tut", was sie verspricht. Inklusive Entwicklung scheint das Versprechen zu tragen, sich für eine gerechtere Zukunft einzusetzen, Exklusion zu beenden, Menschen mit „Behinderung/en" als Rechtssubjekte anzuerkennen und dabei eine Gesellschaft „für Alle" (*Society for All*) anzustreben. Mit dieser diskursiven Homogenisierung und Kollektivierung „aller Menschen" werden Machtverhältnisse und Differenzen verschleiert. Es wird eine scheinbar neutrale Pluralität nebeneinander stehender Subjektpositionen angerufen und die unterschiedlichen Erfahrungen der so konstruierten Gruppen homogenisiert. Gleichzeitig wird durch die Interpellation aller Menschen eine Kritik an jenen Maßnahmen verunmöglicht, da die Maßnahmen vermeintlich allen dienen und es deshalb keine Position geben kann, die außerhalb dieses imaginierten Kollektivs steht. Wenn Inklusive Entwicklung für alle ist, kann auch niemand dagegen sein. Inklusion wird universal und absolut gesetzt, sie wird zu einer allumfassenden Logik, die keinen Widerspruch zulässt. Durch diese normative Setzung wird es gewissermaßen unmöglich, Inklusive Entwicklung zu kritisieren.

Diese Problematik hat mich auch durch den gesamten Schreibprozess dieses Buches hinweg begleitet und mich immer wieder zu der Frage geführt, mit welchem Recht und aus welcher Position heraus ich Inklusion kritisieren kann, wenn es doch eigentlich ein wünschenswertes Ziel, beziehungsweise eine wünschenswerte Zukunft ist. Diese Frage verstärkt sich dadurch, dass Inklusion auch das Leitmotiv von Behindertenbewegungen und Selbstorganisationen von Menschen mit „Behinderung/en" ist. „Inklusion" wird zum vermeintlichen Konsens, dem alle zustimmen.

Angesichts der Reproduktion rassialisierter, kolonialisierender und ableistischer Diskurse scheint die Einlösung des Versprechens einer „besseren Zukunft für Alle" durch Inklusive Entwicklung jedoch fraglich. Vielmehr erscheint es so, dass das Sprechen über Inklusive Entwicklung ein Vorher-Nachher-Narrativ heraufbeschwört, das eine anti-ableistische Position suggeriert, dabei jedoch fortbestehende Diskriminierungs- und Gewaltverhältnisse verschleiert. Insbesondere das Versprechen der Inklusion, Exklusion auf allen Ebenen zu beenden, wird dabei nicht eingelöst. Die Setzung von Inklusion als Erfolg versprechendes Konzept verhindert vielmehr ein Sprechen über fortbestehende Exklusionsprozesse; wie Sara Ahmed es ausdrückt, „[…] the sign of inclusion makes the signs of exclusions disappear"[290]. Inklusion wird im Entwicklungsdiskurs als *Buzzword* verwendet, das aufgrund seiner Offenheit und Undefiniertheit und seiner Gleichsetzung mit „Gleichheit" und „Pluralismus", Kritik verhindert. Wenn Ableismus als ein institutionalisiertes Machtverhältnis innerhalb des Entwicklungskontextes gedacht wird, stellt sich die Frage, inwiefern Inklusion dieses Machtverhältnis herausfordert. Zwar eröffnet Inklusive Entwicklung durch das Einbeziehen von Menschen mit „Behinderung/en" in die Projekte und Programme der Entwicklungszusammenarbeit die Möglichkeit, die Grenzen der intelligiblen Körper im Entwicklungsdiskurs zu verschieben, gleichzeitig bestärkt Inklusive Entwicklung durch die Reproduktion kolonialisierender, rassialisierender, heteronormativer und ableistischer Diskurse aber auch die, dem Entwicklungsdenken inhärenten, Machtverhältnisse und Normierungen.

---

290 Ahmed, Sara: *On Being Included. Racism and Diversity in Institutional Life.* Duke University: Durham/ London 2012, S. 65.

Es stellt sich also die Frage, welche Funktion das affirmative Sprechen über Inklusion im Entwicklungsdiskurs einnimmt. Denn wie Robert McRuer bemerkt: „[...] vocabularies of independence and inclusion are risky, although by risky I mean that they are multivalent and that the work they perform is not fully predictable"[291]. Welche Arbeit vollzieht also das Sprechen über Inklusion im Entwicklungsdiskurs?

Ich möchte an dieser Stelle die These vorschlagen, dass Inklusion im Entwicklungsdiskurs in erster Linie dazu dient, ein positives Bild jener Entwicklungsorganisationen zu zeichnen, die mit Inklusiver Entwicklung assoziert werden. Inklusive Entwicklung wirkt in diesem Sinne als eine nicht-performative Rhetorik.[292] Durch das wiederholende Zitieren von Inklusion als Ziel Inklusiver Entwicklung wird der Anschein erweckt, das Versprechen von Inklusion bereits eingelöst zu haben. Durch die Offenheit und Undefiniertheit des Inklusionsbegriffes und den Glauben an „Entwicklung" wird es möglich, Inklusive Entwicklung zu begehren, sie als wünschenswerte Zukunft zu postulieren. Dass Inklusive Entwicklung dabei keinesfalls die, dem Entwicklungsdenken und –handeln inhärenten, Normen und gewaltförmigen Beziehungen aufbricht oder transformiert, gerät in den Hintergrund. In Anlehnung an Lauren Berlant kann Inklusive Entwicklung deshalb als _Cruel Optimism verstanden werden. Berlant argumentiert, dass der Glaube an etwas dann tückisch oder sogar grausam ist, wenn durch das Festhalten an diesem Glauben, das was begehrt wird, nicht erreicht werden kann.

> A relation of cruel optimism exists when something you desire is actually an obstacle to your flourishing. [...] They [optimistic relations, I.G.] become cruel only when the object that draws your attachment actively impedes the aim that brought you to it initially.[293]

Im Diskurs zu „Inklusiver Entwicklung" wird das Begehren formuliert, Exklusion zu beenden und eine bessere Zukunft für „alle" zu errichten. Solange Entwicklungsorganisationen die eigenen ableistischen Annahmen und deren Verstrickungen mit kolonialisierenden Praxen und neoliberalen

---

291 McRuer 2007, S. 6.
292 cf. ibid., S. 117.
293 Berlant, Lauren: *Cruel Optimism*. 2011, S. 1.

Politiken nicht hinterfragen, kann dieses Versprechen jedoch nicht eingelöst werden.

Ich möchte nicht negieren, dass durch Projekte der Inklusiven Entwicklung Menschen mit „Behinderung/en" Zugänge zu Ressourcen eröffnet werden, die ihnen vorher verwehrt waren. Das ist wichtig und gut. Aber ich möchte davor warnen, Inklusive Entwicklung in der Art und Weise wie es im Moment passiert, als Hoffnungsträger für eine bessere und gerechtere Zukunft zu verstehen. Solange Inklusion nicht mit einer Kritik an neoliberalen, rassistischen, heteronormativen, und ableistischen Verhältnissen einhergeht, kann sie nie weit genug gehen. Ein *Cripping* von „Entwicklung" findet durch die Inklusion von „Behinderung" in den Entwicklungsdiskurs nicht statt, vielmehr ist die Inklusion von „Behinderung" in den Entwicklungsdiskurs von einer Ambivalenz gekennzeichnet, die zwar Menschen mit „Behinderung/en" Zugang zu Rechten und Ressourcen verschafft und damit auch mehr Handlungsmacht eröffnet, gleichzeitig aber eine defizitorientierte Bedeutung von „Behinderung" beibehält. Inklusive Entwicklung bedeutet Inklusion in ein von Machtverhältnissen und Ungleichheiten geprägtes und diese reproduzierendes System und keine oder nur eine bedingte Infragestellung der exkludierenden und gewaltvollen Logiken dieses Systems.

Ich möchte dieses Kapitel mit einem Zitat von Robert McRuer beenden, der mit dem Verweis auf die Möglichkeiten einer anderen, alternativen Zukunft davor warnt, „Inklusion" als eine, oder gar die einzige, wünschenswerte Zukunft zu betrachten und stattdessen zur beständigen Suche nach neuen Geschichtsschreibungen und neuem politischen Vokabular aufruft:

> If another world is possible, we cannot bank on independence, or inclusion, or the end of disability history. Instead, we can continue to generate a range of disability histories, a range of disability vocabularies, circulating them freely to encourage discussion and comment within the disability community, but also remaining vigilant about how they travel and what their limits might be.[294]

---

294 McRuer 2007, S. 11.

Ausblick: Inklusive Entwicklung als Crip(dys)topia

> For disability, utopianism is a conflicted zone. There is no future existence, crip dreaming is expunged and the utopian drive is a device of promise (of curability), hence extinction. Disability is the unwelcome guest at the table of liberalism.[295]

> In imagining more accessible futures, I am yearning for an elsewhere – and, perhaps, an ‚elsewhen' – in which disability is understood otherwise: as political, as valuable, as integral.[296]

Inklusive Entwicklung tritt mit dem Ziel an, einen Paradigmenwechsel im Sprechen über „Behinderung" einzuleiten und damit ultimativ zu einem Wertewandel beizutragen. Menschen mit „Behinderung/en" sollen dabei als Rechtssubjekte und „Behinderung" nicht länger als Defizit betrachtet werden. Gleichzeitig verspricht Inklusive Entwicklung durch die Inklusion von Menschen mit „Behinderung/en" zu einer weltweiten Reduktion von Armut und einem Abbau globaler Ungleichheiten beizutragen und eine „Gesellschaft für Alle" aufzubauen. Inklusive Entwicklung produziert damit eine Utopie, eine Vision einer besseren Zukunft, die auf den ersten Blick durchaus mit der Suche nach einer alternativen Welt – einer *Criptopia* – wie sie innerhalb der *Crip Theory* vertreten wird, kompatibel zu sein scheint.

Die Studie der entwicklungspolitischen Texte hat jedoch gezeigt, dass innerhalb des Diskurses zu Inklusiver Entwicklung rassialisierende, kolonialisierende und ableistische Machtverhältnisse reproduziert werden, die gegenläufig zu einer solchen utopischen Zukunft sind. Durch die Aufrechterhaltung eines institutionalisierten Ableismus, den in den Diskurs eingeschriebenen Normierungs- und Normalisierungsprozessen, die Konstruktion einer rassialisiereten Figur von *Third World Crips*, die Begrenztheit und Grenzziehungen der rechtlichen Anerkennung, in der ein Recht auf Krankheit und Behinderung unintelligibel bleibt, der Depolitisierung und Enthistorisierung von „Behinderung" durch die Entwicklungsmaschinerie sowie der eurozentrischen und ableistischen Produktion von Wissen

---

295 Campbell 2013, S. 220.
296 Kafer 2013, S. 3.

über „Behinderung", verweist die Utopie Inklusiver Entwicklung auf eine Zukunft, an deren Produktion sie selbst scheitert. Dieses Moment der Produktion einer unmöglichen Utopie ist dem Entwicklungsdenken inhärent: „Development thus points to a utopian element that is always already out of place"[297]. Die Utopie Inklusiver Entwicklung, die die Legitimationsbasis und das Leitmotiv für die Projekte inklusiver Entwicklungszusammenarbeit bildet, ist von Beginn an nicht erreichbar, denn Inklusive Entwicklung (re-) produziert selbst jene Verhältnisse, die die Utopie zu überwinden sucht. Eine *Criptopia*, in der neoliberale Inklusionspolitiken subvertiert werden und nach Möglichkeiten der Bedeutungsverschiebung von „Behinderung" gesucht wird, durch die die Normen von *Able-Bodiedness* und *Able-Mindedness* herausgefordert werden und „Behinderung" als zentrale Kategorie des Verstehens gesetzt wird, ist gegenläufig zu jener Utopie, die im Diskurs zu Inklusiver Entwicklung produziert wird, in der „Nicht-Behinderung" im Zentrum bleibt. Inklusive Entwicklung ist aus dieser Perspektive vielmehr eine Anti-Utopie – eine *Cripdystopia*.

Diese Kritik an Inklusiver Entwicklung ist meines Erachtens nach notwendig und darf gleichzeitig nicht dazu führen, die Utopie vollständig zu verwerfen, denn die Versprechen, die Inklusive Entwicklung hervorbringt, ermöglichen es Menschen mit „Behinderung/en" im globalen Süden, sich strategisch auf diese Versprechungen zu berufen und diese einzufordern, ohne dabei zwangsläufig die Zukunftsvorstellung die durch Inklusive Entwicklung artikuliert werden, teilen zu müssen.

Statt einer ultimativen Zurückweisung der Utopie Inklusiver Entwicklung erscheint es mir daher notwendig, deren hegemoniale Ansprüche und normative Einschreibungen zu reflektieren und dadurch gleichermaßen die Suche nach einer *Criptopia* weiter zu führen. Dabei ließ mich Robert McRuers Frage, „[...] what might it mean to welcome the disability to come, to desire it?"[298] zunächst selbst an die Grenzen meiner (utopischen) Vorstellungswelt stoßen, konnte ich doch nicht von mir selbst behaupten, mir eine Zukunft vorstellen zu können, in der die "Behinderung", die kommt, wünschenswert ist, gar etwas ist, worauf ich mich freuen könnte. Meine Position war kennzeichnet von dem, was Alison als „ableist failure

---

297   Vries 2007, S. 30.
298   McRuer 2006, S. 207.

of imagination"[299] bezeichnet. Die Unmöglichkeit, Robert McRuers Frage zu beantworten, verweist darauf, dass die epistemischen wie materiellen Bedingungen für *Cripness* unter den aktuellen Verhältnissen nicht gegeben sind. Dennoch trägt das Festhalten an der Hoffnung nach einer besseren Welt, in der *Cripness* möglich und begehrenswert ist, das Potential in sich, eben jene Bedingungen zu kritisieren, die das Denken in *crippen* Kategorien und Epistemologien bislang verhindern. Der kürzlich verstorbene Queer-Theoretiker José Esteban Muñoz beschreibt wie das Begehren nach einer queeren Zukunft es ermöglicht, diese Grenzen zeitweilig zu überschreiten. In einer ver-*crip*-ten Abwandlung, ließe sich sein Aufruf folgendermaßen lesen:[300]

> [Cripness] is not here yet. [Cripness] is an ideality. Put another way, we are not yet [crip]. We may never touch [cripness], but we can feel it as the warm illumination of a horizon imbuded with potentiality. [...] The future is [cripness]'s domain. [Cripness] is a structuring and educated mode of desiring that allows us to see and feel beyond the quagmire of the present... We must strive, in the face of the here and now's totalizing rendering of reality, to think and feel a then and there... [Cripness] is a longing that propels us onward, beyond romances of the negative and toiling in the present. [Cripness] is that thing that lets us feel that this world is not enough, that indeed something is missing...[Cripness] is essentially about the rejection of a here and now and an insistence on potentiality or concrete possibility for another world.[301]

Eine *Crip*-Perspektivierung führt zwangsläufig zu einer Re-Orientierung der Utopie Inklusiver Entwicklung, die dazu ansetzt, die normative Ordnung Inklusiver Entwicklung mitsamt ihrer Zentrismen zu stören. Eine solche utopische Re-Orientierung bezieht sich auf Cripistemologien und ein Verständnis von „Behinderung" als politisch und wertvoll. Sie verabschiedet sich von der liberalen Fantasie eines autonomen Subjekts und richtet stattdessen den Blick auf die verworfenen Körper jenseits der multiplen Grenzen. Sie fragt nach Möglichkeiten der Anerkennung, die nicht auf Recht und Normalisierung beschränkt sind, die mit materieller Umverteilung

---

299 Kafer 2013, S. 4.
300 Mit diesem Versuch Muñoz' Thesen für die *Crip Theory* nutzbar zu machen, indem ich *queer* durch *crip* ersetze, möchte ich weder eine simplifizierende Parallelisierung von *Queerness* und *Cripness* noch eine historische Abfolge von *queer* zu *crip* implizieren.
301 Muñoz 2009, S. 1.

einhergehen und auf einer historisierenden Einbettung von „Behinderung" in globale Ungleichheitsverhältnisse aufbaut. Schließlich sucht sie ausgehend von einem intersektionalen Machtverständnis nach Möglichkeiten der Solidarität und Allianzbildung jenseits identitätslogischer Ausschlüsse.

Trotz des Scheiterns an der Ausformulierung einer konkreten Utopie sollte die Suche nach einer anderen Zukunft in *Criptopia* meiner Ansicht nach nicht aufgegeben werden. Die Suche nach Utopien verstehe ich dabei nicht (nur) als ein naives Träumen von besseren Welten, sondern als politisches Begehren, den Vorstellungshorizont zu erweitern und nach dem Undenkbaren zu fragen. Denn wie Gloria Anzaldúa schreibt, „[...] nothing happens in the 'real' world unless it first happens in the images in our heads"[302]. Das Aufzeigen und Bewusstmachen dieser Grenzen des Sagbaren, Denkbaren und Wünschbaren und das Scheitern am Entwurf einer konkreten Utopie sind erste Schritte, um diese verschieben zu können und sich dadurch den Möglichkeiten einer utopischen Vorstellung einer *crippen* Zukunft anzunähern. Innerhalb dieser Suche nach einer alternativen Zukunft wird die ständige Reflexion darüber, wer innerhalb einer solchen Utopie handlungsmächtige_r Akteur_in sein kann und wer es sich leisten kann, eine anti-normalisierende Position zu beziehen, zur Pflicht. Das Streben nach einer Zukunft, in der „Behinderung" begehrt werden kann, muss notwendigerweise auch rassistische, heteronormative, sexistische, klassistische, nationalistische Zustände herausfordern und eine Kritik an globalen Ungleichheitsverhältnissen formulieren.

---

302 Anzaldúa, Gloria: *Borderlands/ La Frontera. The New Mestiza*. 3. Auflage. Aunt Lute: San Francisco 2007 [1987], S. 109.

Literatur

Analysematerial, Handbücher und Internetquellen

Austrian Development Agency (ADA): *Menschen mit Behinderungen. Inklusion als Menschenrecht und Auftrag. Anleitung zur Inklusion von Menschen mit Behinderungen in das Projekt-Zyklus-Management der OEZA.* Handbuch. Wien 2013.

Bezev/ Handicap International (Hrsg.): *Entwicklung ist für alle da. Menschenrechte für Menschen mit Behinderung umsetzen – Inklusive Entwicklung gestalten.* Broschüre. Essen 2009.

Bezev: *Inklusion von Menschen mit Behinderung in der Entwicklungszusammenarbeit.* Broschüre. Essen 2011.

Gesellschaft für Technische Zusammenarbeit (GTZ): *Behinderung und Entwicklung. Ein Beitrag zur Stärkung der Belange von Menschen mit Behinderungen in der deutschen Entwicklungszusammenarbeit.* Politikpapier. Eschborn 2006.

Ian Dury and The Blockheads: „Spasticus Autisticus". Auf ibid.: *Lord Upminister*, CD, Polydor Records: London 1981.

LICHT FÜR DIE WELT – Christoffel Entwicklungszusammenarbeit (Hrsg.): *Tätigkeitsbericht 2013/ 2014.* Bericht. Wien 2014.

LICHT FÜR DIE WELT: *Platz spenden, Licht schenken.* Letzter Zugriff: 13.04.2015, http://www.lichtfuerdiewelt.at/content/platz-spenden-licht-schenken.

Truman, Harry S.: *Inaugural Address.* 1949. Letzter Zugriff: 10.07.2013, http://www.presidency.ucsb.edu/ws/?pid=13282.

United Nations: *International Year of Disabled Persons. Resolution 31/123.* 1976. Letzter Zugriff: 18.06.2013, http://www.un-documents. net/a31r123.htm.

United Nations: *World Programme of Action concerning Disabled Persons.* 1982. Letzter Zugriff: 27.12.2013, http://www.un.org/documents/ga/res/37/a37r052.htm.

United Nations: *Convention on the Rights of Persons with Disabilities.* 2006, Letzter Zugriff: 05.10.2013, http://www.un.org/disabilities/default. asp?id=259.

VENRO (Hrsg): *Entwicklung braucht Beteiligung. Wege zur gleichberech-tigten Teilhabe von Menschen mit Behinderung in der Entwicklungs-zusammenarbeit.* Broschüre. Bonn 2004.

VENRO (Hrsg.): *Gewusst wie – Menschen mit Behinderung in Projekte der Entwicklungszusammenarbeit einbeziehen. Handbuch für inklusive Entwicklung.* Broschüre. Bonn 2010.

VENRO: *Behinderung und Entwicklung.* Letzter Zugriff: 04.11.2013, http://venro.org/themen/themen-behindertenarbeit/.

World Health Organization (WHO): *International Classification of Impairments, Disabilities and Handicaps. A manual of classification relating to the consequences of disease.* Handbuch. Genf 1980.

Allgemeine Literatur

Ahmed, Sara: *On being included. Racism and Diversity in Institutional Life.* Duke University Press: Durham/ London 2012.

Anzaldúa, Gloria: *Borderlands/ La Frontera. The New Mestiza.* 3. Auflage. Aunt Lute: San Francisco 2007 [1987].

Babka, Anna/ Hochreiter, Susanne: „Einleitung". In: ibid. (Hrsg.): *Queer Reading in den Philologien. Modelle und Anwendungen.* Vienna University Press: Göttingen 2008, S. 11-19.

Barker, Clare/ Murray, Stuart: „Disabling Postcolonialism: Global Disability Cultures and Democratic Criticism". In: *Journal of Literary & Cultural Disability Studies* 4(3), 2010, S. 219-236.

Bell, Chris: „Introducing White Disability Studies. A Modest Proposal". In: Davis, Lennard J. (Hrsg.): *The Disability Studies Reader. Second Edition.* Routledge: New York/ London 2006, S. 275-282.

Berlant, Lauren: *Cruel Optimism.* Duke University Press: Durham/ London 2011.

Bossinade, Johanna: *Poststrukturalistische Literaturtheorie.* J.B. Metzler: Stuttgart/ Weimar 2000.

Brown, Wendy: „Suffering Rights as Paradoxes". In: *Constellations. An International Journal of Critical and Democratic Theory* 7(2), 2000, S. 208-229.

Butler, Judith: *Das Unbehagen der Geschlechter.* Suhrkamp: Frankfurt a. M. 1991.

Butler, Judith: „Critically Queer". In: *GLQ: A Journal of Lesbian & Gay Studies* 1(1), 1993, S. 17-32.

Butler, Judith: *Körper von Gewicht. Die diskursiven Grenzen des Geschlechts.* Berlin Verlag: Berlin 1995.

Campbell, Fiona Kumari (2009): *Contours of Ableism. The Production of Disability and Abledness.* Palgrave Macmillan: Basingstoke/New York 2009.

Campbell, Fiona Kumari: „Geodisability Knowledge Production and International Norms: a Sri Lankan case study". In: *Third World Quarterly* 32(8), 2011, S. 1455-1474.

Campbell, Fiona Kumari: „Re-cognising Disability: Cross-Examining Social Inclusion through the Prism of Queer Anti-Sociality". In: *Jindal Global Law Review* 4(2), 2013, S. 209-238.

Charlton, James I.: „Peripheral Everywhere". In: *Journal of Literary & Cultural Disability Studies* 4(2), 2010, S. 195-200.

Connell, Raewyn: „Southern Bodies and Disability: Re-thinking concepts". In: *Third World Quarterly* 32(8), 2011, S. 1369-1381.

Corker, Mairian/ Shakespeare, Tom: „Mapping the Terrain". In: ibid. (Hrsg.): *Disability/ Postmodernity. Embodying disability theory.* Continuum: London/ New York 2002, S. 1-17.

Cornwall, Andrea/ Corrêa, Sonia/ Jolly, Susie (Hrsg.): *Development with a Body. Sexuality, Human Rights & Development.* Zed Books: London/ New York 2008.

Cornwall, Andrea/ Nyamu-Musembi, Celestine: „Putting the 'right-based approach' to development into perspective". In: *Third World Quarterly* 25(8), 2004, S. 1415-1437.

Davidson, Michael: „Universal Design. The Work of Disability in an Age of Globalization". In: Davis, Lennard J. (Hrsg.): *The Disability Studies Reader. Second Edition.* Routledge: New York/ London 2006, S. 117-128.

Davidson, Michael: *Concerto for the Left Hand. Disability and the Defamiliar Body.* The University of Michigan Press: Ann Arbor 2008.

Davis, Lennard J. (1997): „Constructing Normalcy. The Bell Curve, the Novel, and the Invention of the Disabled Body in the Nineteenth Century". In: ibid. (Hrsg.): *The Disability Studies Reader.* Routledge: London/ New York 1997, S. 9-28.

De Vries, Pieter: „Don't Compromise Your Desire for Development! A Lacanian / Deleuzian Rethinking of the Anti-Politics Machine." In: *Third World Quarterly* 28(1), 2007, S. 25-43.

Dederich, Markus: „Behinderung, Norm, Differenz – Die Perspektiven der Disability Studies". In: Kessl, Fabian/ Plößer, Melanie (Hrsg.): *Differenzierung, Normalisierung, Andersheit. Soziale Arbeit als Arbeit mit den Anderen.* VS Verlag für Sozialwissenschaften: Wiesbaden 2010, S. 170-184.

Dhawan, Nikita: „Zwischen Empire und Empower: Dekolonisierung und Demokratisierung". In: *Femina Politica – die Zeitschrift für feministische Politikwissenschaft* 18(2), 2009, S. 52-63.

Dietrich, Anette: *Weiße Weiblichkeiten. Konstruktion von „Rasse" und Geschlecht im deutschen Kolonialismus.* Transcript: Bielefeld 2007.

Duden, Barbara: „Die Frau ohne Unterleib: Zu Judith Butlers Entkörperung. Ein Zeitdokument". In: *Feministische Studien* 11(2), 1993, S. 24-33.

Egermann, Eva: „Verwandelte Welten ohne Wunden. Über Crip, Pop- und Subkulturen, soziale Bewegungen sowie künstlerische Praxis, Theorie und Recherche". In: Fleischmann, Alexander/ Guth, Doris (Hrsg.): *Kunst. Theorie. Aktivismus. Emanzipatorische Perspektiven auf Ungleichheit und Diskriminierung.* Transcript: Bielefeld 2015, 169-191.

Erevelles, Nirmala: *Disability and Difference in Global Contexts. Enabling a Transformative Body Politic.* Palgrave Macmillan: New York 2011.

Eriksson Baaz, Maria: *The Paternalism of Partnership. A Postcolonial Reading of Identity in Development Aid.* Zed Books: London 2005.

Escobar, Arturo: *Encountering Development. The Making and Unmaking of the Third World.* Princeton University Press: Princeton/ Oxford 2012 [1995].

Fechter, Anne-Meike: *Transnational Lives. Expatriates in Indonesia.* Ashgate: Aldershot/ Burlington 2007.

Ferguson, James: *The Anti-Politics Machine. „Development", Depoliticization, and Bureaucratic Power in Lesotho.* University of Minnesota Press: Minneapolis 1997 [1990].

Fischer, Karin/ Hödl, Gerald/ Parnreiter, Christof: „Entwicklung – eine Karotte, viele Esel?". In: Fischer, Karin u.a. (Hrsg.): *Entwicklung und Unterentwicklung. Eine Einführung in Probleme, Theorien und Strategien.* Mandelbaum: Wien 2007, S. 13-54.

Foucault, Michel: *Archäologie des Wissens.* Suhrkamp: Frankfurt a. M. 1973a.

Foucault, Michel: *Die Geburt der Klinik. Eine Archäologie des ärztlichen Blicks.* Carl Hanser Verlag: München 1973b.

Foucault, Michel: *Überwachen und Strafen. Die Geburt des Gefängnisses.* Suhrkamp: Frankfurt a. M. 1976.

Foucault, Michel: *Der Wille zum Wissen. Sexualität und Wahrheit 1.* Suhrkamp: Frankfurt a. M. 1977.

Foucault, Michel: *Die Anormalen. Vorlesungen am Collège de France (1974-1975).* Suhrkamp: Frankfurt a. M. 2003.

Garland-Thomson, Rosemarie: „Integrating Disability, Transforming Feminist Theory". In: *NWSA Journal* 14(3), 2002, S. 1-32.

Gleeson, B. J.: „Disability Studies: A historical materialist view". In: *Disability & Society* 12(2), 1997, S. 179-202.

Goodley, Dan: „Dis/entangling Critical Disability Studies". In: *Disability & Society* 28(5), 2013, S. 631-644.

Grech, Shaun: „Disability and the Majority World: Challenging Dominant Epistemologies". In: *Journal of Literary & Cultural Disability Studies* 5(2), 2011a, S. 217-219.

Grech, Shaun: „Recolonising debates or perpetuated coloniality? Decentring the spaces of disability, development and community in the Global South". In: *International Journal of Inclusive Education* 15(1), 2011b, S. 87-100.

Grech, Shaun: „Disability and the Majority World: A Neocolonial Approach". In: Goodley, Dan/ Hughes, Bill/ Davis, Lennard (Hrsg.): *Disability and Social Theory. New Developments and Directions.* Palgrave Macmillan: Basingstoke/ New York 2012, S. 52-69.

Gugutzer, Robert: *Soziologie des Körpers.* Transcript: Bielefeld 2004.

Hacker, Hanna: *Queer Entwickeln. Feministische und postkoloniale Analysen.* Mandelbaum: Wien 2012.

Harcourt, Wendy: *Body Politics in Development. Critical Debates in Gender and Development.* Zed Books: London/ New York 2009.

Hark, Sabine: „Disziplinäre Quergänge. (Un)Möglichkeiten transdisziplinärer Frauen- und Geschlechterforschung". In: *Potsdamer Studien zur Frauen- und Geschlechterforschung* 2(2), 1998, S. 7-22.

Hermann, Steffen Kitty: „Performing the Gap. Queere Gestalten und geschlechtliche Aneignung". In: A.G. GENDER KILLER (Hrsg.): *Das gute Leben. Linke Perspektiven auf einen besseren Alltag*. UNRAST: Münster 2007, S. 195-203.

Hirschberg, Marianne: „Normalität und Behinderung in den Klassifikationen der Weltgesundheitsorganisation". In: Waldschmidt, Anne (Hrsg.): *Kulturwissenschaftliche Perspektiven der Disability Studies. Tagungsdokumentation*. Bifos-Schriftenreihe: Kassel 2003, S. 117-128.

Hurst, Rachel/ Albert, Bill: „The social model of disability, human rights and development". In: Albert, Bill (Hrsg.): *In or out of the Mainstream? Lessons from Research on Disability and Development Cooperation*. Disability Press: Leeds 2006, S. 24-39.

Ingstad, Benedicte/ Whyte, Susan Reynolds (Hrsg.): *Disability in Local and Global Worlds*. University of California Press: Berkley/ Los Angeles/ London 2007.

Johnson, Merri Lisa/ McRuer, Robert: „Cripistemologies: Introduction". In: *Journal of Literary & Cultural Disability Studies* 8(2), 2014, S. 127-147.

Kafer, Alison: *Feminist, Queer, Crip*. Indiana University Press: Bloomington 2013.

Kim, Eunjung: „'Heaven for disabled people': nationalism and international human rights imagery". In: *Disability & Society* 26(1), 2011, S. 93-106.

Köbsell, Swantje: „Gendering Disability: Behinderung, Geschlecht und Körper." In: Jacob, Jutta/ Köbsell, Swantje/ Wollrad, Eske (Hrsg.): *Gendering Disability. Intersektionale Aspekte von Behinderung und Geschlecht*. Transcript: Bielefeld 2010, S. 17-33.

Kolářová, Kateřina: „The Inarticulate Post-Socialist Crip. On the Cruel Optimism of Neoliberal Transformations in the Czech Republic". In: *Journal of Literary & Cultural Disability Studies* 8(3), 2014, S. 257-274.

Kothari, Uma: „Authority and Expertise. The Professionalisation of International Development and the Ordering of Dissent". In: *Antipode* 37(3), 2005, S. 425-446.

Linton, Simi: *Claiming Disability. Knowledge and Idenity.* New York University Press: New York/ London 1998a, S. 4.

Linton, Simi: „Disability Studies/ Not Disability Studies". In: *Disability & Society* 13(4), 1998b, S. 525-539.

Lorde, Audre: *The Cancer Journals.* Aunt Lute: San Francisco 1980.

Maral-Hanak, Irmi: *Language, Discourse and Participation: Studies in Donor-Driven Development in Tanzania.* LIT Verlag: Wien/ Berlin 2009.

McClintock, Anne: *Imperial Leather. Race, Gender and Sexuality in the Colonial Contest.* Routledge: New York/ London 1995.

McRuer, Robert: „Compulsory Able-Bodiedness and Queer/ Disabled Existence". In: Davis, Lennard J. (Hrsg.): *The Disability Studies Reader. Second Edition.* Routledge: New York/ London 2006a, S. 301-308.

McRuer, Robert: *Crip Theory. Cultural Signs of Queerness and Disability.* New York University Press: New York/London 2006b.

McRuer, Robert: „Taking It to the Bank: Independence and Inclusion on the World Market". In: *Journal of Literary Disability* 1(2), 2007, S. 5-14.

McRuer, Robert: „Disability Nationalism in Crip Times". In: *Journal of Literary & Cultural Disability Studies* 4(2), 2010, S. 163-178.

Meekosha, Helen: „Decolonising disability: thinking and acting globally". In: *Disability & Society* 26(6), 2011, S. 667-682.

Meekosha, Helen/ Soldatic, Karen: „Human Rights and the Global South: the case of disability". In: *Third World Quarterly* 32(8), 2011, S. 1383-1397.

Mesquita, Sushila: „Gedanken zu queeren Lesepraxen. Eine Respondenz zu Gudrun Perko". In: Babka, Anna/ Hochreiter, Susanne (Hrsg.): *Queer Reading in den Philologien. Modelle und Anwendungen.* Vienna University Press: Göttingen 2008, S. 89-91.

Minh-ha, Trinh Thi: *Woman, Native, Other. Writing Postcoloniality and Feminism.* Indiana University Press: Bloomington 1989.

Mitchell, David T./ Snyder, Sharon L.: *Narrative Prothesis: Disability and the Dependencies of Discourse.* The University of Michigan Press: Ann Arbor 2001.

Mitchell, David T./ Snyder, Sharon L./ Ware, Linda: „‚[Every] Child Left Behind': Curricular Cripistemologies and the Crip/ Queer Art of

Failure". In: *Journal of Literary & Cultural Disability Studies* 8(3), 2014, S. 295-313.

Mohanty, Chandra Talpade (1984): „Under Western Eyes: Feminist Scholarship and Colonial Discourses". In: *Boundary 2* 12(3), 1984, S. 333-358.

Mollow, Anna: „Criphystemologies. What Disability Theory Needs to Know about Hysteria". In: *Journal of Literary & Cultural Disability Studies* 8(2), 2014, 185-201.

Muñoz, José Esteban: *Cruising Utopia. The Then and There of Queer Futurity*. New York University Press: New York/ London 2009.

Oyěwùmí, Oyèrónké: *The Invention of Women. Making an African Sense of Western Gender Discourses*. University of Minnesota Press: Minneapolis/ London 1997.

Price, Janet/ Shildrick, Margrit: „Bodies Together: Touch, Ethics and Disability". In: Corker, Mairan/Shakespeare, Tom (Hg.): *Disability/ Postmodernity. Embodying disability theory*. Continuum: London/ New York 2002, S. 62-75.

Price, Margaret: *Mad at School. Rhetorics of Mental Disability and Academic Life*. The University of Michigan Press: Ann Arbor 2011.

Priestly, Mark (Hrsg.): *Disability and the Life Course. Global Perspectives*. Cambridge University Press: Cambridge 2001.

Priestly, Mark: „Worum geht es bei den Disability Studies? Eine britische Sichtweise". In: Waldschmidt, Anne (Hrsg.): *Kulturwissenschaftliche Perspektiven der Disability Studies. Tagungsdokumentation*. Bifos-Schriftenreihe: Kassel 2003, S. 23-35.

Puar, Jasbir: „Prognosis time: Towards a geopolitics of affect, debility and capacity". In: *Women & Performance: a journal of feminist theory* 19(2), 2009, S. 161-172.

Puar, Jasbir: „CODA: The Cost of Getting Better. Suicide, Sensations, Switchpoints". In: *GLQ: A Journal of Lesbian and Gay Studies* 18(1), 2011, S. 149-158.

Raab, Heike: „Intersektionalität in den Disability Studies. Zur Inter-dependenz von Behinderung, Heteronormativität und Geschlecht". In: Schneider, Werner/ Waldschmidt, Anne (Hrsg.): *Disability Studies, Kultursoziologie und Soziologie der Behinderung: Erkundungen in einem neuen Forschungsfeld*. Transcript: Bielefeld 2007, S. 127-151.

Sandahl, Carrie: „Queering the Crip or Cripping the Queer? Intersections of Queer and Crip Identities in Solo Autobiographical Performance". In: *GLQ: A Journal of Lesbian and Gay Studies* 9(1-2), 2003, S. 25-56.

Shakespeare, Tom: „The Social Model of Disability". In: Davis, Lennard J. (Hrsg.): *The Disability Studies Reader. Second Edition.* Routledge: New York/ London 2006, S. 197-204.

Sherry, Mark: „(Post)colonising Disability". In: *Wagadu* 4, 2007, S. 10-22.

Soldatic, Karen/ Grech, Shaun: „Transnationalising Disability Studies: Rights, Justice and Impairment". In: *Disability Studies Quarterly* 34(2), 2015. Letzter Zugriff: 17.09.2014, http://dsq-sds.org/article/view/4249/3588.

Spivak, Gayatri Chakravorty: „Righting Wrongs". In: *The South Atlantic Quarterly* 103(2-3), 2004, S. 523-581.

Tremain, Shelly: „Foucault, Governmentality, and Critical Disability Theory: An Introduction". In: ibid. (Hrsg.): *Foucault and the Government of Disability.* The University of Michigan Press: Ann Arbor 2005, S. 1-24.

Waldschmidt, Anne: „,Behinderung' neu denken: Kulturwissenschaftliche Perspektiven der Disability Studies". In: ibid. (Hrsg.): *Kulturwissenschaftliche Perspektiven der Disability Studies. Tagungsdokumentation.* Bifos-Schriftenreihe: Kassel 2003, S. 11-22.

Waldschmidt, Anne: „Disability Studies: Individuelles, soziales und/ oder kulturelles Modell von Behinderung?". In: *Psychologie und Gesellschaftskritik* 29(1), 2005, S. 9-31.

Waldschmidt, Anne: „Macht – Wissen – Körper. Anschlüsse an Michel Foucault in den Disability Studies". In: Waldschmidt, Anne/ Schneider, Werner (Hrsg.): *Disability Studies, Kultursoziologie und Soziologie der Behinderung.* Transcript: Bielefeld 2007, S. 55-77.

Waldschmidt, Anne: „Warum und wozu brauchen die Disability Studies die Disability History? Programmatische Überlegungen". In: Bösl, Elsbeth/ Klein, Anne/ Waldschmidt, Anne (Hrsg.): *Disability History, Konstruktionen von Behinderung in der Geschichte. Eine Einführung.* Transcript: Bielefeld 2010, S. 13-27.

Wieser, Anita Tomke: *Queer Writing. Eine literaturwissenschaftliche Annäherung. Mit ausgewählten Beispielen aus Thomas Meineckes „Hellblau".* Zaglossus: Wien 2012.

Whebi, Samantha/ Elin, Lindsay/ El-Lahib, Yahya: „Neo-colonial discourse and disability: the case of Canadian international development NGOs". In: *Community Development Journal* 45(4), 2010, S. 404-422.

Whyte, Susan Reynolds/ Ingstad, Benedicte: „Introduction. Disability Connections". In: Ingstad, Benedicte/ Whyte, Susan Reynolds (Hrsg.): *Disability in Local and Global Worlds*. University of California Press: Berkeley/ Los Angeles/ London 2007, S. 1-29.

Wood, Caitlin: „Introduction – Criptiques: A Daring Space". In: ibid. (Hrsg.): *Criptiques*. o.O.: May Day Publishing, 2014, S. 1-3.

Yeo, Rebecca: „Disability, Poverty and the ‚New' Development Agenda". In: Albert, Bill (Hrsg.): *In or out of the Mainstream? Lessons from Research on Disability and Development Cooperation*. Leeds: Disability Press: Leeds 2006, S. 74-88.

Ziai, Aram: *Zwischen Global Governance und Post-Development. Entwicklungspolitik aus diskursanalytischer Perspektive*. Westfälisches Dampfboot: Münster 2006.

Ziai, Aram: „Rassismus und Entwicklungszusammenarbeit". In: Gomes, Bea/ Schicho, Walter/ Sonderegger, Arno (Hrsg.): *Rassismus. Beiträge zu einem vielsichtigen Phänomen*. Mandelbaum: Wien 2008, S. 191-213.

www.ingramcontent.com/pod-product-compliance
Lightning Source LLC
Chambersburg PA
CBHW062039270326
41929CB00014B/2476